novum pro

AF162488

Lara Bernardi

Die Schlüssel für deine Gesundheit

novum pro

www.novumverlag.com

Bibliografische Information der Deutschen Nationalbibliothek:	© 2016 novum Verlag
Die Deutsche Nationalbibliothek verzeichnet diese Publikation in der Deutschen Nationalbibliografie. Detaillierte bibliografische Daten sind im Internet über http://www.d-nb.de abrufbar.	ISBN 978-3-99048-539-2 Lektorat: Stefanie Krüger Umschlagfotos: Lara Bernardi, Christos Georghiou | Dreamstime.com Umschlaggestaltung, Layout & Satz: novum Verlag Innenabbildungen: Lara Bernardi (19)
Alle Rechte der Verbreitung, auch durch Film, Funk und Fernsehen, fotomechanische Wiedergabe, Tonträger, elektronische Datenträger und auszugsweisen Nachdruck, sind vorbehalten.	Gedruckt in der Europäischen Union auf umweltfreundlichem, chlor- und säurefrei gebleichtem Papier. **www.novumverlag.com**

INHALTSVERZEICHNIS

Einleitung – ABC der Ernährung 7
   Leitfaden Ernährung 8
   Rezepte 15
   Ayurvedische Entschlackungskur, 3–14 Tage 22
   Tagesplan-Beispiel 24

Entfalte dein wahres Sein 26
   Charisma 29
   Energiezentren 32
   Farben 39
   Atemübungen 42
   Meditationen 44
   Ausgleichsübungen 49
   Gehirnintegrationsübungen 51
   Übungen aus der Quantenheilung 52
   Übungen zur Entfaltung deines wahren Seins 57
   Yoga Zentrum der Liebe 75

Engel, deine geistigen Helfer und Führer 85
   Geistige Helfer 86
   Göttliche Schutzwesen 87
   Geistige Führer 87
   Wesen der Weißen Bruderschaft 87

Notfall-Apotheke Classic 92
Selbstheilung mit Affirmationen 96
Lara Bernardi 101
Danksagung 103

EINLEITUNG
ABC DER ERNÄHRUNG

Das ABC der Ernährung zeigt dir die wichtigsten Bestandteile von Nahrungsmitteln auf und fördert dein Bewusstsein für eine naturbelassene Ernährung. Befolge bei deiner Nahrungsmittelumstellung folgenden Grundsatz: Weniger ist mehr. Stelle deine Ernährung lieber schrittweise und dafür dauerhaft um. Davon trägst du den größten Nutzen. Achte auf dein Körpergefühl und dein Körperbewusstsein. Diese zeigen dir den für dich stimmigen Weg.

Bei der Ernährung ist es wie mit allem: Jeder Mensch ist einzigartig und reagiert unterschiedlich auf Nahrungsmittel. Den besten Hinweis gibt das eigene Körpergefühl. Wenn du auf deinen Körper hörst, dann spürst du genau, was dir guttut. Grundsätzlich hat jedes Nahrungsmittel eine bestimmte Schwingung. Je nachdem bei und mit welchen Schwingungen sich ein Mensch wohlfühlt, bekommt ihm ein bestimmtes Nahrungsmittel gut. Es gibt beim Essen kein Richtig oder Falsch. Dieses ABC zeigt Möglichkeiten auf. Ich kenne jedoch auch ganz spirituelle Menschen, welche immer noch gerne Fleisch, Cola und Fastfood konsumieren und sie fühlen sich wohl in ihrer Haut.

Leitfaden Ernährung

Dieser Leitfaden zeigt dir die Ansätze und die wichtigsten Punkte einer gesunden Ernährung auf. Die Tipps basieren auf den neusten Erkenntnissen im Bereich Ernährung. Sie eignen sich insbesondere auch für „die Kinder, respektive Erwachsenen der Neuen Zeit" und Menschen, die mit ADHS (hyperaktive Menschen) oder ADS (hypoaktive Menschen) betitelt werden oder solche Symptome aufweisen.

Der Leitfaden Ernährung ist eine Unterstützung für deine Nahrungsmittelumstellung und Nahrungsmittelveränderung.

Maßnahmen für entspanntes Essen:
- Zeit zum Essen nehmen. Ansonsten lieber nur einen gesunden Shake (vgl. Kapitel „Rezepte") einnehmen
- Ablenkung meiden und sich stattdessen ganz auf die Nahrungsaufnahme konzentrieren (kein Fernsehen, Radio, keine wichtigen Verhandlungen)
- Möglichst wenig während dem Essen reden
- Essen genügend kauen
- Drei- bis fünfmal täglich essen. Achte auf deine natürlichen Essgewohnheiten bzw. deinen Rhythmus. Gewisse Menschen essen lieber dreimal täglich größere Mengen und andere haben lieber fünfmal täglich kleinere Portionen. Höre auf dein Körpergefühl. Dein Körper sagt dir genau, was dir im Moment gut- und wohltut. Naturbelassene Zwischenmahlzeiten sind z. B. Nüsse, Dörrfrüchte, Schafsjoghurt.

Allergieauslösende Nahrungsmittel

Unverträglichkeiten auslösende Nahrungsmittel sind manchmal Milch- und Weizenprodukte, E-Nummern, Erdnüsse, Kartoffeln, Zitrusfrüchte, Eigelb, Schokolade, Schwermetalle, welche in Gesichts- und Sonnencremes (Paraffinum liquidum, sprich Erdöl) und im Fisch und Crevetten enthalten sind. Empfindliche Menschen, insbesondere Kinder, können auf Pestizide, Schwermetalle und Umweltgifte reagieren. Konsumiere deshalb bevorzugt naturbelassene Produkte, z. B. aus dem eigenen Garten, vom Biobauern und aus dem Naturkostladen.

Alkohol/Drogen

Alkohol hat Einfluss auf deinen feinstofflichen Körper. Dadurch hat der Alkoholkonsum Auswirkungen auf die gesamte Persönlichkeit. Je sensibler und sensitiver die Person ist, desto eher nimmt sie die Nebenwirkungen von Alkohol bewusst wahr. Jeder Mensch kann sich jedoch bewusst zentrieren, damit er den Alkohol ohne Nebenwirkungen genießen kann.

Auch Drogen wirken auf allen Ebenen der Persönlichkeit. Deren Konsum öffnet die Aura (feinstofflicher Mantel) des Menschen. Dadurch ist der Konsument anfälliger für Fremdeingriffe.

E-Nummern und Zusatzstoffe

E-Nummern sind synthetische oder natürliche Substanzen wie z. B. Zitronensäure und Agar-Agar. Vorsicht: Auch sehr viele natürliche Zusatzstoffe, die in Reformhausprodukten enthalten sind, werden nicht von allen Menschen gut vertragen. Achte nach dem Konsum solcher Produkte auf deine Körpersignale, denn jeder Mensch reagiert auf Nahrungsmittel unterschiedlich.

Zu den Zusatzstoffen gehören Süßstoffe, Stabilisatoren/Emulgatoren, Geschmacksverstärker, Verdickungsmittel, Konservierungsstoffe, Aroma- und Farbstoffe. Sie werden auf den Nahrungsmitteletiketten auch als Schwefeldioxid und Antioxidationsmittel bezeichnet.

Es ist wissenschaftlich erwiesen, dass eine natürliche Ernährung aus möglichst unverarbeiteten Lebensmitteln (Grundnahrungsmittel wie z. B. Reis, Gemüse, Früchte, Hülsenfrüchte, Kerne, Nüsse, Sprossen), die reich an natürlichen Antioxidantien und Ballaststoffen sind, Zivilisationskrankheiten vorbeugen und lindern kann.

Lies auf jeder Packung, die du kaufen möchtest, die Inhaltsstoffe. Du wirst feststellen, dass in fast jedem Nahrungsmittel Zusatzstoffe oder Zucker (Milchzucker, Maltodextrin) enthalten sind. Beachte auch, dass fast alle Salatessige und gemischten Gewürze, auch Curries, Zusatzstoffe enthalten. Eine Ausnahme bilden Bio-Gewürze und Bio-Kräuteressig.

Fett

Wähle zum Kochen und auch für Kuchen und Brote hochwertige Öle wie z. B. Kokosöl und kalt gepresstes Olivenöl. Kokosöl eignet sich sehr gut als Butterersatz zum Backen.

Fleisch

Iss Fleisch, wenn du das Gefühl hast, dass es dir guttut. Weißes Fleisch wie z. B. Hähnchen- oder Putenfleisch ist leicht und hat wenig Fett. Schweinefleisch ist dagegen reich an Fetten. Nicht jeder Mensch fühlt sich nach dem Fleischkonsum wohl. Falls das auch auf dich zutrifft, lass es lieber beiseite.

Menschen mit einem guten Stoffwechsel verdauen Geflügel gut. Hat eine Person einen trägen Stoffwechsel, dann lohnt es sich, den Fleischkonsum auf einem Minimum zu halten.

Rote Fleischsorten, ausgenommen Bio-Fleisch, enthalten im Normalfall Antibiotika und Anabolika, was Nebenwirkungen im Körper verursachen kann. Straußenfleisch ist eine Alternative für Menschen, die gerne rotes Fleisch haben.

Getreide (Weizen)

Es gibt immer mehr Menschen, welche eine Weizen-Unverträglichkeit (Gluten = Klebereiweiß) haben. Dies zeigt z. B. der kleine oder große „Schwimmring" um die Hüfte. Iss deshalb als Alternative Dinkelprodukte wie z. B. Urdinkelbrot und Dinkelflocken. Es gibt auch Dinkel- und Reisnudeln.

Reis ist außerdem ein sehr guter Ersatz für Pasta. Außerdem hat er eine reinigende und entlastende Wirkung auf den Körper.

Kaffee

Das in der Kaffeebohne enthaltene Koffein ist ein „Dopingmittel". Es wirkt stimulierend und durch den Konsum von Kaffee schüttet man Adrenalin aus. Adrenalin ist ein Stresshormon, welches den Kreislauf anregt und die Herzfrequenz steigert. Dadurch wird der Mensch in einem ersten Schritt munter. Ist er jedoch schon sehr aktiv, dann kann der Kaffee auch zu viel sein.

Zu einer Tasse Kaffee lohnt es sich, ein Glas Wasser zu trinken. Denn durch den Konsum von Kaffee scheidest du vermehrt Wasser aus deinem Körper aus.

Milchprodukte

Es gibt Menschen, welche nach dem Milchtrinken eine leichte Schleimbildung im Halsbereich haben. Damit du diese Ablagerung nicht hast, kannst du den Milchproduktekonsum minimieren oder einen Ersatz wählen.

Hinweis: Milchzucker und Laktose-Zusatzstoffe finden sich in fast allen verarbeiteten Nahrungsmitteln.

Mandelpüree/-mus ist ein guter Milchersatz. Daraus können Mandelmilch oder Shakes hergestellt werden. Auch Soja- oder Reismilch sind mögliche Ersatzprodukte. Achten bezüglich der Verträglichkeit auf deine Körpersignale.

Schokolade

Kakao schüttet Glückshormone aus. Ideal ist, wenn die Schokolade selber hergestellt wird (vgl. Kapitel „Rezepte"). Kakao kann anregend wirken. Bei Hyperaktivität am besten auf die Signale nach dem Essen achten, damit du weißt, wie du auf Schokolade reagierst.

Speisesalz

Speisesalz enthält im Normalfall Fluor, Jod und weitere künstliche Stoffe. Es kann toxisch wirken. Hinweis: Es gibt jedoch auch Menschen, die Gift trinken und es macht ihnen nichts. Deshalb immer selber spüren, ob und wie du auf Nahrungsmittel und Zusätze reagierst. Fluor ist auch in den meisten Zahnpasten enthalten. Der medizinische Nachweis für die Wirksamkeit von Fluor als Kariesprophylaxe konnte bis heute jedoch nicht einwandfrei erbracht werden. Als Alternative gibt es auf dem Markt Xylit-Zahnpasten, die sehr gut auf de Zähne wirken.

Süßstoffe

Künstliche Süßstoffe wie z. B. Aspartam, Assugrin etc. können den Hunger fördern. Sie enthalten krebserregende Substanzen. Süßstoffe sind in zuckerfreien Kaugummis, Bonbons und Light-

Produkten enthalten. Eine Alternative sind Produkte aus Xylit (Birkenzucker).

Aspartam ist z. B. auch ein Serotonin-Gegenspieler und kann dadurch Depressionen und weitere Symptome auslösen.

Süßgetränke

Als Süßgetränk mit Fruchtzucker kannst du Apfelsaft oder sonstige zu 100 Prozent naturreine Säfte konsumieren. Für Süßgetränke vgl. Infos zu Zucker, E-Nummern und Süßstoffen.

Würste/Räucherwaren (Fleisch)

Würste und Räucherwaren enthalten sehr viele Zusatzstoffe. Lies die Inhaltsstoffe auf der Verpackung.

Eine Alternative ist geräucherter Lachs ohne Zucker und Zusatzstoffe. Bitte lies dir hier die Inhaltstoffe auf der Verpackung durch.

Zitrusfrüchte

Zitrusfrüchte wie z. B. Orangen, Mandarinen und Zitronen sind oftmals stark gespritzt. Deshalb die Bio-Variante wählen. Außerdem haben sie auf den Körper eine abkühlende Wirkung. Damit der Körper im Winter grippe- und erkältungsresistent ist, braucht er aber Wärme.

Gesunde Vitamin-C-Varianten im Winter sind z. B. Kiwis und Brokkoli.

Zucker

Auch Zucker wirkt auf den Körper anregend und er beeinflusst das Hormonsystem. Er kann zu Hyperaktivität führen. Ein Ersatz für Zucker ist zu 100 % reiner Ahornsaft.

Zucker in Nahrungsmitteln hat viele Namen wie z. B. Melasse, Honig, Maissirup, HFCS (fruktosereicher Maissirup), Fructose, Dextrose, Glucosesirup, Amazake, Sucrose, Galactose, Maltodextrin, Maltose, Glukose etc.

Rezepte

Möchtest du dich ab heute natürlich, leicht und wohlschmeckend ernähren, dann kauf dir z. B. ein thailändisches Kochbuch.

Asiatische Gerichte

Zu Hause kannst du ganz leicht selber asiatisch kochen, indem du dir eine Wok-Pfanne und einen Reiskocher kaufst.

Zutaten:
- Zwiebeln, evtl. wenig Knoblauch
- Oliven- oder Kokosöl
- Evtl. Chili-Öl
- Gemüse nach Belieben wie z. B. Brokkoli oder Lauch, Champignons, Sojasprossen, evtl. Karotten und Tomaten
- Koriander
- Ingwer, fein geschnitten, und evtl. Galgant (im Thai-Laden erhältlich)
- Sojasoße und Himalajasalz

Zubereitung:
Zwiebeln und evtl. wenig Knoblauch in Oliven- oder Kokosöl anbraten. Wenn du magst, gib in Stücke geschnittene Hühnchenbrust dazu. Dann Gemüse dazugeben und leicht weich kochen (so weich, wie du es gerne hast). Bei Brokkoli etwas Wasser dazu und evtl. den Kochdeckel auf die Wok-Pfanne, damit der Brokkoli weich wird. Am Schluss Koriander fein geschnitten dazugeben. Würzen mit Sojasoße, Himalajasalz, Pfeffer, evtl. Curry und Chilipulver (wenn du es gerne scharf hast).

Weitere leckere asiatische Gerichte:
- Kokossuppe
- Tom-Hum-Suppe

- Misosuppe
- Rotes Curry

Weitere Rezepte sind im Internet oder in asiatischen Kochbüchern zu finden, dabei kannst du die Zutaten immer durch natürliche ersetzen, vgl. Kapitel „Leitfaden Ernährung".

Basismischung Reiskuchen

Zutaten:
- 300 g gekochter Reis (entspricht ca. 100 g ungekochtem Reis)
- 1 Ei
- 3 dl Ahornsirup
- Etwas Vanillepulver
- 2 dl Wasser
- 100 g Kokosöl
- 1/3 Hefewürfel oder ein Päckchen Trockenhefe aus dem Reformhaus, alternativ Speisenatron
- 300 g Reismehl
- Nach Belieben Früchte, z. B. Himbeeren oder Rosinen, oder Nüsse

Zubereitung:
Alles außer Reismehl und Früchte im Mixer vermischen. Danach den Hefeteig im Brotautomaten mit Reismehl verrühren (Teigprogramm) und aufgehen lassen.
Anschließend z. B. in Muffin-Formen verteilen und Früchte dazugeben.
Bei 200° C Mittelhitze ca. 25 Minuten backen. In der Kuchenblechform benötigt der Kuchen ca. 35 Minuten.

Basismischung Dinkelkuchen

Zutaten:
Analog zum Reiskuchen, jedoch statt Reis und Reismehl 450 g Dinkelmehl verwenden.

Zubereitung:
Analog zum Reiskuchen, jedoch rund 5 Minuten kürzer, da der Kuchen trockner ist.

Dinkelguezli (Kekse) mit Ahorn und Kokosöl

Zutaten:
- 100 g Kokosöl
- 200 dl Ahornsirup
- 350 g Dinkelmehl

Zubereitung:
Alles miteinander verrühren und durchkneten. Dann den Teig auf einem Blech ca. 0,5 cm dick ausstreichen. Anschließend 10 Minuten bei 200° C Mittelhitze backen.

Reisguezli (Kekse) mit Ahorn und Kokosöl

Zutaten:
Analog „Dinkelguezli", jedoch statt Dinkelmehl 200 g Reismehl und 200 g gekochten Parfümreis verwenden.

Zubereitung:
Gekochten Reis, Ahornsirup und Kokosöl im Mixer vermischen, bis der Reis flüssig ist. Anschließend Reismehl unter die Masse rühren. Alles auf einem Blech ca. 0,5 cm dick ausstreichen. Anschließend 10 Minuten bei 200° C Mittelhitze backen.

Speiseeis ohne Kuhmilch

Zutaten:
- 520 g Kokosmilch
- 270 g Ahornsirup
- 1 Ei
- Evtl. Früchte und Zimt oder reines Vanillepulver

Zubereitung:
Alles mixen und dann in den Tiefgefrierer stellen.

Selber gemachte Schokolade
(Variante mit wenig Kakao, für hyperaktive Menschen geeignet)

Zutaten:
- 1 EL Kakaopulver
- 1 EL. Dinkelmehl
- 4 EL Ahornsirup
- 50 g geriebene Mandeln
- 100 g Kokosöl

Zubereitung:
Alles miteinander vermischen und anschließend in den Kühlschrank stellen und dort aufbewahren.

Hinweis: Die Schokolade schmilzt rasch.

Schokolade

(Variante mit viel Kakao, wie Pralinen)

Zutaten:
- 110 g Kokosöl
- 100 g Ahornsirup
- 90 g Kakaopulver
- Wenig Vanillepulver
- 2 EL Kokosmilch

Zubereitung: siehe selber gemachte Schokolade.

Reissuppe

Zutaten: je nach Variante

Zubereitung:
Jasmin-Reis im Verhältnis 1:5 in einem hohen Topf aufkochen. Den Reis auf kleiner Flamme kochen, bis ein dickflüssiger Brei entsteht. Die Reissuppe kann unterschiedlich serviert werden, pikant oder süß zubereitet:
- Mit Karotten, Zucchini, frischem Ingwer und Kardamom
- Mit frischen Kräutern (Petersilie, Basilikum, Schnittlauch usw.)
- Mit Maroni (im Herbst und Winter) oder frischem Obst

Variante Reissuppe:
1–3 EL Reis einer Gemüsebrühe oder Gemüsesuppe beifügen.

Shake, z. B. zum Frühstück

Zutaten:
- 2 dl Wasser
- Ahornsirup (Menge nach Belieben)
- Wenig Kokosmilch (Achtung: die ohne E-Nummern nehmen!)
- Vanillepulver oder Zimt
- Mandelpüree
- Gekochter Reis

Zubereitung:
Alle Zutaten in den Mixer geben und mixen, bis der Reis vollständig püriert und der Shake „cremig" ist. Je mehr Reis verwendet wird, desto nahrhafter ist der Shake und desto länger sättigt er.

Süßreisgericht, z. B. zum Frühstück

Zutaten:
- Eier
- Ahornsirup
- Bio-Sultaninen, Nüsse, Pecannüsse oder Mandelsplitter
- Kokosmilch
- Vanillepulver oder Zimt

Zubereitung:
Nüsse leicht in einer beschichteten Bratpfanne rösten, sodass sie wie gebrannte Mandeln riechen. Eier wie für Rühreier verquirlt dazugeben und braten, bis die Eier ein wenig fest werden. Bevor sie ganz fest sind Ahornsirup, gekochten Reis und Kokosmilch dazugeben. Nur kurz braten, sodass das Gericht leicht flüssig bleibt. Mit Vanillepulver oder Zimt abschmecken.

Smoothie

Zutaten:
- 1 Banane
- 1 Apfel
- 1dl Reismilch
- 1dl Fruchtsaft
- Evtl. Kräuter wie z. B. Pfefferminze, Zitronenmelisse etc.

Zubereitung:
Alles im Mixer vermengen.

Schokoaufstrich (wie Nutella)

Zutaten:
- Mandelpüree
- Ahornsirup
- Vanillepulver

Zubereitung:
Alle Zutaten gut verrühren.

Ayuruedische Entschlackungskur, 3-14 Tage

Zitronendrink auf nüchternen Magen

1/2 Stunde vor dem Frühstück 1 Glas heißes Wasser mit 1 Teelöffel frisch gepresstem Zitronensaft und 1 Teelöffel Honig (Bio-Honig) trinken.

Frühstück

1 Glas frischer Apfelsaft ohne Zucker oder andere Zusatzstoffe.

Mittagessen

Leichtes asiatisches Gericht mit Reis und Gemüse (ohne Fleisch). Evtl. als Dessert gekochte Äpfel mit Rosinen, Mangos oder Feigen.

So viel essen, dass man satt ist.

Nachmittag

Evtl. ein paar Mandeln und gedörrte Aprikosen.
Falls der Wunsch besteht, den Zitronendrink vom Morgen nochmals einnehmen.

Abendessen

Frisch zubereitete Gemüse- oder Reissuppe. Diese evtl. mit Ingwer, Meersalz oder Himalajasalz und Pfeffer würzen. Darauf achten, dass die Bouillon keine Zusatzstoffe und weder Zucker/Stärke noch Milch (Laktose) enthält. Im Reformhaus gibt es solche Gemüsebouillons.

Getränke

Trinke den ganzen Tag warmes Wasser.

Tagesplan-Beispiel

Iss sechs Wochen lang Früchte, Gemüse, Nüsse, Samen, hochwertige Öle, Eier, evtl. einmal pro Woche Lachs und Hühnchen oder ab und zu Straußenfleisch. Lachs enthält weniger Schwermetall als die übrigen Fische, da er hoch oben im Norden in den Meeren schwimmt. Baue z. B. Shakes, vgl. „Rezepte" und „Smoothies", in deine Ernährung ein.

Wenn du deine Ernährung für sechs Wochen umstellst, kannst du anschließend langsam wieder Nahrungsmittel in deine Ernährung integrieren, die dir ebenfalls schmecken.

Entlastungs- und Entschlackungswochen helfen dem Körper, sich zu regenerieren und neue Kraft zu tanken. Diese kannst du immer mal wieder während des Jahres einbauen, wenn du das Gefühl hast, du möchtest dich leichter und fitter fühlen.

Frühstück

Z. B. Shake, süßes Reisgericht oder Reiskuchen, vgl. Kapitel „Rezepte".

Mittagessen

Asiatisches Reisgericht, vgl. Kapitel „Rezepte", oder Salat auf Wunsch mit Hühnchen oder Lachs und Reis.

Nachtessen

Suppe mit Reis (evtl. das Mittagessen mit dem Nachtessen austauschen)

Zwischenmahlzeiten

Genieße als Zwischenmahlzeiten z. B. Dörrfrüchte, Nüsse, einen Apfel oder Dinkelguezli, vgl. Kapitel „Rezepte".

Tipp

Zur Abwechslung kannst du anstelle von Tees und Wasser auch einen selbst gemachten Sirup genießen.

Zutaten:
- 3 dl Ahornsirup
- Verschiedene Arten von Beeren

Zubereitung:
Ahornsirup mit den gewünschten Beeren ca. 10 Min. aufkochen. Danach die Beeren entfernen und den Sirup in eine Glasflasche abfüllen.

ENTFALTE DEIN WAHRES SEIN

Meditation unterstützt dich, gelassen und entspannt deinen Alltag zu meistern. Sie hilft dir abzuschalten, loszulassen und in dir deine Kraft zu spüren. Du findest zurück zu dir und lässt dich nicht mehr vom Außen beeinflussen. Dadurch kannst du deine Batterien neu laden. Außerdem wird dein Verstand ruhig und es entsteht Raum für Kreativität und neue Ideen. Durch Meditation kannst du deinen inneren Kern erkennen. Du schaltest in den Ruhe- und Entspannungsmodus, welcher Raum für Neues schafft. Du gewinnst Abstand zu beruflichen und privaten Dingen und kannst diese gelassen mit neuen Augen betrachten. Es gibt so viele Wege für ein erfülltes und glückliches Leben. Oft fängt der Weg bei dir selber an. Damit du dich gut spürst, dich erkennst und gelassen deinen Alltag meistern kannst, ist Meditation eine gute Möglichkeit.

Du trägst folgende Nutzen aus deinen Meditationen:
- Entspannung
- Loslassen
- Ganzheitliche Gesundheit
- Gesteigertes Wohlbefinden
- Eigene Persönlichkeit erkennen
- Besseres Verständnis für deine Person
- Gelassenheit
- Ruhe
- Persönliche Entwicklung
- Persönliche Mitte finden
- Inspiration
- Kraft tanken

Meditation hat Auswirkungen auf dich und dein Umfeld. Denn was bei dir wirkt, strahlt nach außen. Wie heißt es so schön? Innen so wie außen. Beginne bei dir, damit es dir gut geht. Die Samen gehen dann in dein Umfeld über und es ändert sich Schritt für Schritt ganz viel in deinem Leben.

Meditieren wirkt wie folgt auf deinen physischen Körper:
- Aktivierung der kreativen rechten Gehirnhälfte
- Herzschlag und Blutdruck sinken
- Ruhe kehrt ein
- Reizreduktion
- Stresshormone sinken
- Stärkung des Immunsystems
- Verbesserung der Blutversorgung und bessere Durchblutung

Es gibt viele Meditationsformen und -techniken. Meditation fängt dort an, wo der Mensch seine Aufmerksamkeit ganz auf den Moment, das Jetzt richtet. Kann sich jemand vollkommen ins Schreiben oder allgemein in seine Tätigkeit vertiefen, sodass ihn nichts ablenken kann, stellt dies eine Form der Meditation dar.

Meditation kann mit geschlossenen oder geöffneten Augen praktiziert werden. Unterstützend wirkt ein ruhiger Raum und Entspannungsmusik. Auch Duftessenzen wie z. B. ätherische Öle oder Energiesprays wie z. B. die BERNARDI Harmony Energie- und Aura-Sprays, können hilfreich sein. Lavendel hat eine beruhigende Wirkung, Zitrone wirkt vitalisierend und steigert die Konzentration und Orange wirkt motivierend. Selbstverständlich gibt es noch viele weitere Duftessenzen. Deren Wirkung und Anwendung werden in der Fachliteratur beschrieben.

In den USA finden Meditationen mitten in überfüllten Einkaufszentren statt, da solche Situationen dem alltäglichen Leben entsprechen. Es hilft dir, wenn du die Fähigkeit erlangst, dich trotz äußerer Unruhe und Hektik zu entspannen und einen klaren Kopf zu behalten. Dabei gilt: Übung macht den Meister.

Du kannst deine Meditationen im Liegen, im Stehen oder im Sitzen durchführen. Auch sind Geh- oder Joggingmeditationen möglich. Du kannst eine Minute bis zu mehrere Stunden meditieren. Höre auf dein Bedürfnis. Am Anfang kann es sinnvoll sein, geführte Meditation zu machen. Auf meiner CD „Business-Meditation – Meditationen für den alltäglichen Gebrauch" findest du schöne, entspannende, von mir gesprochene Meditationen. Lass dich durch geführte Meditationen leiten und tauche in die Ruhe und Erholung ein.

Charisma

Das Charisma ist deine Ausstrahlung. Es strahlt wie eine Sonne und ist geprägt von dem, was du denkst, fühlst und wie du bist. Eine charismatische Persönlichkeit besitzt eine kraftvolle Ausstrahlung, die andere Menschen motivieren und anziehen kann. Dein Charisma zieht andere Menschen an, die ähnlich sind wie du und solche, die so werden wollen. Es gilt: Gleiches zieht gleiches an.

Energiekörper

Das Charisma eines Menschen wird durch fünf Energiekörper geprägt. Du kannst dir diese Körper auch als Teammitglieder vorstellen, als dein „Inneres Team". Der fünfte Energiekörper vereint alle vier anderen in sich.

Dein Inneres Team hat unterschiedliche Fähigkeiten und Begabungen:

- Der Empfinder (physischer Körper)
  Dies ist der materielle Körper des Menschen mit all seinen Organen, Zellen und seiner gesundheitlichen Konstitution. In diesem Bereich werden Fakten und alles, was über die fünf Sinne wahrgenommen wird, verarbeitet.

- Die Fühlerin (emotionaler Körper)
  In diesem Bereich werden die Gefühle wahrgenommen, gespeichert und verarbeitet. Eine sozialkompetente Person nimmt die Informationen, welche über diesen Körper einströmen, bewusst wahr. Dadurch kann sie sich in andere Menschen einfühlen und versteht ihre Handlungen und ihr Verhalten besser.

- Der Denker (mentaler Körper)
  Auf dieser Ebene wird analysiert, geplant und Gedanken werden gespeichert. Auch Fachwissen ist hier abgelegt. Es ist die „kopflastige" Seite des Menschen. Vor allem Studierende und Manager sind in ihrem Alltag oft in diesem Bereich aktiv.

- Die Intuition (geistiger Körper)
  Kreative Einfälle und innovative Ideen haben ihren Ursprung auf dieser Ebene. Philosophen und Erfinder wie z. B. Pythagoras und Albert Einstein bezogen aus diesem Bereich ihre Weisheiten und Lehren. Die Intuition holt ihre Informationen aus dem Unbewussten, welches laut Gehirnforschung neunzig Prozent der Gehirnleistung ausmacht. Die Impulse tauchen als Gedankenblitze oder Bilder auf. Da sie für den Verstand des Menschen nicht greifbar sind, fehlt vielen Menschen das Vertrauen in ihre Intuition.

- Das „Innere Feuer" (Herz)
  Dieses Ebene steht symbolisch für die Umsetzung, für die Inspirationskraft und die inneren Weisheiten des Menschen. Das „Innere Feuer" ist seine persönliche Mitte. Wenn du ganz bei

dir bist, dann bist du vollkommen in deiner Mitte verankert.
Bist du eine ganzheitliche Persönlichkeit? Dann lässt du dich von deinem „Inneren Feuer" leiten. Du arbeitest, handelst und „lebst" aus deiner Mitte, deinem Herzen heraus.

Auf körperlicher Ebene wird das „Innere Feuer" dem Brustbereich, dem Herzen respektive dem Herzchakra zugeordnet, vgl. Kapitel „Energiezentren".

Energiezentren

Der Mensch ist vergleichbar mit einem Kraftwerk. Er produziert Energie und tauscht sie mit seiner Umwelt aus. Er besitzt sieben Hauptenergiezentren und eine unendliche Zahl von weiteren Energiezentren. Die Hauptzentren befinden sich in regelmäßigem Abstand verteilt vom Steißbein bis zum Kopfende (Fontanelle). Sie haben unterschiedliche Funktionen. Außerdem wird jedem Zentrum/Chakra eine spezifische Farbe zugeordnet. Die nachfolgenden Chakren sind von unten nach oben, vgl. Grafik, aufgeführt.

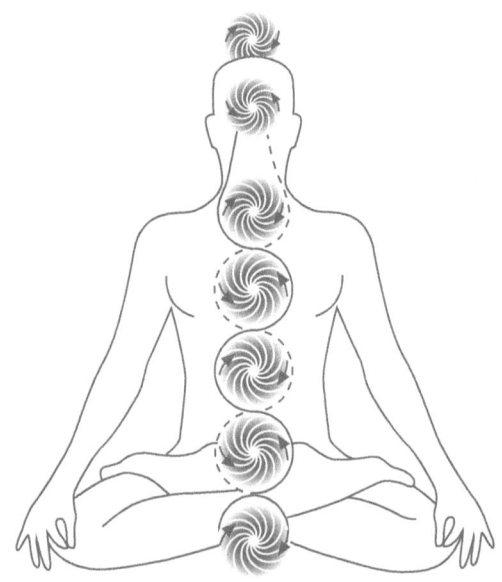

Wurzelchakra

Das Wurzelchakra ist dein 1. Energiezentrum.

Lage: Das erste Energiezentrum liegt zwischen deinem Anus und deinen Genitalien und ist mit dem Steißbein verbunden.

Klassische Chakra-Farbe: Rot (Gelb)

Harmonische Funktion: Ist dieser Bereich in Balance, fühlst du dich sicher, stabil und voller Lebenskraft. Du stehst mit beiden Beinen fest auf dem Boden. Außerdem besitzt du Urvertrauen und bist in Frieden mit dir.

Disharmonische Funktion: Das Denken und Handeln kreist hauptsächlich um materiellen Besitz und Sicherheit. Loslassen fällt schwer. Festhalten an Altem.

Ideen brauchen einen Boden, deshalb ist es wichtig, mit beiden Beinen auf der Erde zu stehen. Ein bewusster Spaziergang in der Natur, Sport und liebevoller Sex haben positive Auswirkung auf dein Wurzelchakra.

Nabelchakra

Das Nabelchakra ist dein 2. Energiezentrum.

Lage: Das zweite Zentrum befindet sich etwa zwei Finger breit unterhalb deines Bauchnabels. Es ist mit dem Kreuzbein verbunden.

Klassische Chakra-Farbe: Orange (Rosa, wenn die Liebe aus dem Herzchakra permanent in dieses Zentrum einströmt)

Harmonische Funktion: Ist dieses Zentrum in Balance, verlaufen deine beruflichen und persönlichen Partnerschaften harmonisch. Das Geben und Nehmen ist ausgeglichen.

Disharmonische Funktion: Bei einer Disharmonie geht eine Person immer wieder private oder berufliche Partnerschaften ein, die für sie nicht stimmig sind. Es entstehen Unsicherheiten und Spannungen.

Das Nabelchakra ist das Energiezentrum des Gebens und Nehmens und der Partnerschaft. Ziel ist, dass sich diese Ebene immer mehr mit dem 3. Energiezentrum vereint, sodass neue Formen von Partnerschaften im Privatleben und im Beruf möglich werden. Studierende befinden sich während ihres Studiums sehr oft auf dieser Ebene. Es handelt sich bei ihnen um das Aufnehmen, Verarbeiten und Abgeben von Lernstoff. Auch ein Arbeitsverhältnis hat Auswirkungen auf diesen Bereich. Ein Arbeitnehmer gibt Leistung und Ideen gegen Lohn an ein Unternehmen ab. Es ist wichtig, dass das Geben und Nehmen im Einklang ist und eine Win-Win-Situation herrscht. Wertschätzung, d.h. wie viel ein Mensch auf materieller und immaterieller Ebene für seine Arbeit erhält, hat eine harmonisierende Wirkung auf das zweite Energiezentrum. Die Frage der Wertschätzung und des Ausgleichs ist in jeder Art von Partnerschaft wichtig.

Solarplexus

Der Solarplexus ist dein 3. Energiezentrum.

Lage: Das dritte Energiezentrum befindet sich unterhalb deines Rippenbogens, zwischen Brustbeinende und Bauchnabel.

Klassische Chakra-Farbe: Gelb

Harmonische Funktion: Ist dieser Bereich in Balance, verspürst du viel Kraft und Vitalität. Du nimmst die Gefühle und Eigenarten von dir und anderen Menschen an und akzeptierst sie. Du bist in Frieden mit dir und der Welt.

Disharmonische Funktion: Ist dieser Bereich nicht ausgeglichen, neigt der Mensch zu Manipulation. Er übt Macht aus und möchte alles in seinem Sinn beeinflussen.

Das dritte Energiezentrum ist dein Kraftzentrum. Es ist deine innere Sonne. Das bewusste und wohldosierte Sonnentanken hat eine harmonisierende Wirkung auf diesen Bereich.

Herzchakra

Das Herzchakra ist dein 4. Energiezentrum.

Lage: Das vierte Energiezentrum liegt auf der Höhe deines Herzens, in der Mitte deiner Brust.

Klassische Chakra-Farbe: Grün (Rosa, Gold)

Harmonische Funktion: Ist dieses Zentrum in Balance, strömst du Liebe und Harmonie für dich und andere aus. Menschen und Tiere fühlen sich in deiner Gegenwart wohl.

Disharmonische Funktion: Ist dieser Bereich verschlossen, grenzt sich der Mensch von anderen ab. Durch seine Schutzmauer wirkt er reserviert und kühl nach außen.

Besonders Manager sind in diesem Bereich verschlossen. Es handelt sich um einen Selbstschutz, der sie jedoch auch von sich selbst entfernt. Die bedingungslose Hingabe und Öffnung in einer Partnerschaft kann diese Ebene ausgleichen. Die Liebe hat auch eine allgemeine Heilwirkung. Es ist wissenschaftlich erwiesen, dass kranke Menschen, die viel Liebe erhalten, schneller gesund werden als andere.

Kehlkopfchakra

Das Kehlkopfchakra ist dein 5. Energiezentrum.

Lage: Das fünfte Energiezentrum befindet sich zwischen Halsgrube und Kehlkopf und ist mit dem Nacken verbunden.

Klassische Chakra-Farbe: Blau

Harmonische Funktion: Befindet sich dieser Bereich in Balance, ist der Mensch ausdrucksfähig, kommunikativ und kreativ. Außerdem besitzt er eine individuelle Ausdrucksform.

Disharmonische Funktion: Bei Disharmonie fällt es dem Menschen schwer, seine Gefühle und Gedanken mitzuteilen. Aufgestaute Emotionen werden unkontrolliert herausgelassen.

Musst du dich räuspern oder spürst du ein Kratzen im Hals, deutet das oft darauf hin, dass etwas mitgeteilt werden sollte.
Die persönlichen Gefühle, Gedanken und Visionen niederzuschreiben hat eine harmonisierende Wirkung auf dieses Energiezentrum. Auch das Betrachten eines strahlend blauen Himmels gleicht deinen Halsbereich aus.

Drittes Auge

Das dritte Auge ist dein 6. Energiezentrum.

Lage: Das sechste Energiezentrum befindet sich zwischen den Augenbrauen in der Mitte, dort, wo sich die Hindu einen roten Punkt hinmalen.

Klassische Chakra-Farbe: Violett

Harmonische Funktion: Ist dieses Energiezentrum in Balance, verfügt der Mensch über einen wachen Verstand und ist ein guter Denker. Oftmals ist er visuell veranlagt und hat die Fähigkeit, durch seine mentalen Kräfte seine Ziele und Visionen zu verwirklichen.

Disharmonische Funktion: Besteht eine Disharmonie auf dieser Ebene, ist der Mensch „kopflastig". Er lebt über den Verstand und versucht, alles über diese Ebene zu regeln.

In ein Schaumbad einzutauchen oder eine Massage bewusst zu genießen schafft Balance für das sechste Energiezentrum. Die mentale Ebene und der Gefühlsbereich können miteinander verbunden und ausgeglichen werden, indem die Stirn mit der einen Hand und der Bauchnabel mit der anderen gehalten werden.

Kronenchakra

Das Kronenchakra ist dein 7. Energiezentrum.

Lage: Das siebte Energiezentrum befindet sich am Scheitel des Kopfes, auf der Höhe der Fontanelle.

Klassische Chakra-Farbe: Weiß oder Violett

Harmonische Funktion: Ist dieser Bereich entwickelt, ist der Mensch innovativ und ideenreich. Das reine göttliche Licht kann in seinen physischen Körper einströmen. Je mehr dieses Chakra geöffnet ist, desto weniger lässt sich der Mensch von seinen Emotionen und Gedanken mitreißen.

Disharmonische Funktion: Ist dieser Bereich wenig entwickelt, fehlt dem Menschen eine ganzheitliche Betrachtungsweise.

Ideen haben ihren Ursprung in diesem Bereich. Die Öffnung, zu der sie hineinfließen, kann man sich als Trichter vorstellen. Je weiter die Öffnung ist, desto mehr Inspiration erhält der Mensch. Die Öffnung kann auch als Lotusblüte visualisiert werden.

Farben

Deinen Energiezentren werden unterschiedliche Farben zugeordnet. Je höher du schwingst, desto mehr gehen diese Farben in Pastelltöne über. Hier findest du einen Überblick über die Bedeutung der Farben deiner Chakren. Je nachdem, wie es dir geht, strahlen deine Energiezentren unterschiedlich stark. Auch spielt es eine Rolle, was du für Aktivitäten ausübst.

Signale, die deine Energiezentren je nach Aktivität in diesem Bereich an dein Umfeld vermitteln:
- Rot: Kraft, Führergeist, Motivation, Mut, Entwicklungsgeist, Extrovertiertheit, wirkt anregend. Wenn du z. B. viel Sport machst, dann ist dieses Zentrum aktiv.
- Orange: Lebensfreude, Einsicht, Weisheit, Dinge aus dem Bauch heraus fühlen, wirkt aufmunternd. Du empfindest Freude.
- Gelb: Vitalität, Glück, Flexibilität, Lebensfreude, Kommunikation, wirkt motivierend und erfrischend. Tankst du im Moment Sonne, dann aktivierst du dieses Energiezentrum. Auch motivierende Menschen strahlen aus diesem Bereich heraus.
- Grün: Hoffnung, Harmonie, Gefühlsseite des Lebens, Gesundheit, Mitgefühl, Wohlbefinden. Menschen mit geöffnetem Herzen strahlen wie ein Blumengarten, welcher einlädt, miteinander in Kontakt zu treten und einen Moment zu verweilen.
- Blau: Vertrauen, Tiefe, Ruhe, Introvertiertheit, wirkt beruhigend. Bei Menschen, die gut kommunizieren, fließt dieser Bereich wie ein sanfter Bach. Die Worte kommen fließend aus dem Mund.
- Violett Transformation, Entwicklung, geistige Perfektion, Heilung, wirkt transformierend. Bist du ein Manager, dann arbeitest du stark im Kopfbereich, im Bereich deines dritten Auges. Die Menschen sollten vermehrt in ihrer sensitiven Wahrnehmung geschult werden, sodass sie Informationen nicht voreingenommen weiterentwickeln. Durch die Schulung

der Medialität kann der Mensch frei von vorgefertigten Gedankenmustern und Glaubenssätzen sein Leben gestalten. Auch hat er die Fähigkeit zu erkennen, was ist und was sein wird.
- Weiß: Reinheit, Klarheit, Weisheit, Gelassenheit, Auflösung, wirkt reinigend. Bei Babys ist die Fontanelle – dort, wo das Kronenchakra liegt – geöffnet, deshalb strahlen sie Reinheit aus.

Die Ausstrahlung deiner Energiezentren ist ebenfalls Teil deines Charismas, welche hellsichtige Menschen bewusst und die übrigen Menschen unbewusst wahrnehmen. Strahlt z. B. dein Herzchakra in einem saftigen Grasgrün, dann kommt die Botschaft: „Hallo, mein Herz ist geöffnet."

Farben sind Leben. Farben vermitteln Stimmungen und Farben wirken auf dich und deine Psyche. Sie haben Auswirkungen auf dein ganzes Sein. Sag mir, welche Farbe du magst und ich sage dir etwas über deine Persönlichkeit.

Bereits Goethe befasste sich mit Farben und ihrer Bedeutung. Die Farbenlehre ist sein umfassendstes Werk. Er selbst sah es als Grundlage seiner Existenz. Farben werden in ganzheitlichen Persönlichkeitsanalysen wie z. B. dem Lüscher Farbtest und dem BERNARDI Profile® eingesetzt.

Wenn du bewusst farbige Kleidung auswählst, dann kannst du deine Stimmung z. B. im Winter aufhellen. Trage vor allem, wenn es dir mal schlechter geht, Farben, die aufhellend wirken. Dazu habe ich dir die Farbbedeutung zusammengestellt.

Jede Farbe hat eine spezifische Bedeutung und eine Wirkung auf deinen Körper, deine Seele und deinen Geist. Die Farbwahrnehmung ist für alle Menschen in allen Kulturen gleich. Auch bei farbenblinden Menschen wirken Farben.

Farben vermitteln Botschaften. Dein gesamtes Charisma, auch Aura genannt, setzt sich aus unterschiedlichen Farben zusammen.

Jede dieser Farbe sagt etwas über deine Person. Dazu gibt es eine schöne Übung in meinem Buch „BERNARDI Profile® – Die Schlüssel für deinen persönlichen und beruflichen Erfolg".

Damit du dir ein Bild von den Botschaften machen kannst, die in deiner Aura zu lesen sind, habe ich dir noch weitere Farbbedeutungen zusammengestellt.
- Braun: Stabilität, Realität, Erdung, wirkt stabilisierend und erdend. Menschen, die materiell veranlagt sind oder im Finanzbereich arbeiten, haben immer wieder Brauntöne in ihrer Aura.
- Gold: Klares Denken, tiefe Freude, Erfassung der Ganzheit, wirkt klärend. Die Kinder der Neuen Zeit, welche neues Wissen auf die Erde bringen, haben oftmals Goldtöne in ihrer Aura. Auch weise Menschen haben manchmal Gold im Kopfbereich.
- Grau: Neutralität, Selbstaufgabe, wirkt neutralisierend. Grau weist oft auf Energiemangel hin und die Aura darf wieder gereinigt und durchgelüftet werden. Es lohnt sich dann, sich zu bewegen, zu lachen oder eine ausgleichende Meditation zu machen.
- Rosa: Freundlichkeit, Sanftmut, Liebe, Harmonie, wirkt besänftigend. Ganz sanfte, liebevolle Menschen strahlen immer wieder Rosatöne aus.
- Schwarz: Abgrenzung, Stagnation, Erkenntnissuche, wirkt abgrenzend. Diese Farbe ist ein absoluter, undurchdringbarer Schutz.
- Silber: Wissen, Reinheit, wirkt kühlend. Das Wissen des Mondes strahlt in Silber. Es ist die Farbe der weiblichen Weisen.

Farben werden häufig bei Meditationen eingesetzt. Sie können spontan ausgewählt werden oder bewusst nach bestimmten Themen. Die Farben der sieben Energiezentren werden auch zur Balance der entsprechenden Zentren eingesetzt. Dazu konzentrierst du dich auf ein Energiezentrum nach dem anderen und lässt eine Spirale mit der entsprechenden Farbe gleichmäßig durch dein Chakra heraus- und hineinströmen.

Atemübungen

Atmung ist ein natürlicher Weg, ganz bei dir zu sein. Es ist eine Art von Meditation. Bewusst und tief ein- und auszuatmen hilft dir, bei dir zu sein und dich zu spüren. Eine Zusammenfassung von Atemübungen und Meditationen wie z. B. der Baummeditation findest du auf meiner CD „Business-Meditation – Meditationen für den alltäglichen Gebrauch". Sie eignet sich für alle, die gerne kurze, geführte Meditationen haben.

Herzatmung

Wirkung
Die Herzatmung stärkt deinen Herzchakraraum und somit deine Liebe. Je mehr du diese Atmung machst, desto stärker wird dein Liebesfeld, bis diese Schwingung sich über dein emotionales und dein Gedankenfeld ausdehnt. Dadurch kannst du immer mehr in der Liebe sein und du lässt dich von ihr leiten. Gedanken und Emotionen kannst du sein lassen als das, was sie sind. Sie sind reine Energie und du kannst auf sie einsteigen oder sie vorbeiziehen lassen.

Atme tief ein und ziehe gedanklich die Liebe von der Quelle und vom Herzchakra von Mutter Erde in dein Herzchakra hinein.

Bei jedem Ausatmen amtest du Liebe aus deinem Herzen zur Quelle und ins Herzchakra von Mutter Erde. Atme tief ein, ziehe die Energie von Himmel und Erde in dein Herzchakra. Spüre bei der Atmung, wie dein Herzraum immer wärmer wird und sich deine Liebe im Herzchakra verstärkt.

Verweile nach der Atmung einem Moment in deinem Herzraum. Genieße die Liebe in deinem Herzen. Bade, nähre und wärme dich in dieser Energie.

Farbatmung

Eine ähnliche Meditation findest du auf meiner Meditations-CD.

Wirkung
Die Wirkung ist je nach Farbwahl unterschiedlich. Sie erstreckt sich von belebend bis beruhigend: Willst du dich z. B. entspannen, nimmst du die Farbe Blau, aktivierend und anregend wirkt Rot, motivieren und vitalisierend Gelb. Weitere Farbbedeutungen und Wirkungen findest du unter „Farben".

Vorgehen
Wähle für diese Übung spontan eine Farbe aus. Atme tief und bewusst durch die Nase ein und aus. Fahre mit der Übung fort, nachdem du dich ein wenig entspannt hast. Stelle dir vor, du atmest eine Farbe nach Wahl durch deine Nase in deinen gesamten Körper ein und aus. Jede Zelle, jeder Teil deines Körpers wird mit dieser Farbe eingefärbt und ausgeglichen. Die Farbe strömt bis in deine Finger- und Zehenspitzen.

Nach einer Weile strömt die Farbe durch deine Kronenchakra hinaus. Sie fließt deinen gesamten physischen Körper hinunter und verteilt sich in deiner gesamten Aura (also in deinem unsichtbareren Mantel um deinen physischen Körper herum).

Du kannst dir vorstellen, du sitzt in einem Farbei. Dadurch stabilisierst du deinen Raum um dich herum und es fällt dir leichter, bei dir zu sein. Diese Übung ist für alle geeignet, die bei sich bleiben wollen. Sie hilft, die Situation mit Abstand zu betrachten und kann angewendet werden vor Sitzungen, Besprechungen, am Morgen vor dem Aufstehen und wann immer du spürst, dass du die Kraft der Farben nutzen möchtest. Wichtige Erfolgsvoraussetzung ist der Glaube an die eigene Visualisierungskraft.

Meditationen

Baummeditation

Diese Meditation findest du auf meiner Meditations-CD.

Wirkung
Diese Übung verbindet dich mit Mutter Erde und gibt dir Boden unter deinen Füßen, sodass du dich stabil fühlst und selbstsicher auftreten kannst. Außerdem hilft sie, deine Visionen auf den Boden zu bringen, um diese zu realisieren. Vor wichtigen Auftritten verschafft sie dir Standfestigkeit und Sicherheit.

Vorgehen
Atme gleichmäßig durch deine Nase ein und aus. Stelle dir vor, du bist ein Baum. Deine Beine sind der Stamm und dein Kopf die Krone. Stelle dir vor, es wachsen dir Wurzeln aus deinen Fußsohlen heraus, tief ins Erdinnere bis zur Lava. Nimm die Kraft der Lava über deine Wurzeln in deinen Körper auf. Lass sie im ganzen Körper verströmen und wie ein Springbrunnen zu deinem Kronenchakra, am höchsten Punkt deines Kopfes, herausfließen. Die Lava breitet sich nun auch um dich herum aus.

Nach einer Weile konzentrierst du dich auf deinen Kopf, der die Baumkrone darstellt. Lass die Krone so weit in die Höhe und Breite wachsen, wie es für dich stimmig ist. Wenn du dich genug ausgedehnt hast, nimm die Sonnenstrahlen über deinem Kopf auf. Lass die Strahlen von oben herab durch deinen Körper strömen. Sie fließen aus deinen Füßen heraus und hüllen deinen Körper ein. Die Sonnenstrahlen mischen sich nun mit der Farbe der Lava und bilden eine Hülle um dich herum. Visualisiere dich in der Mitte sitzend, mit Farbe umhüllt und durchströmt. Schließe die Meditation ab, indem du bewusst in das Hier und Jetzt zurückkommst. Du kannst dich dazu z. B. strecken und deine Arme, Füße und den Kopf bewegen.

Reinigungsmeditation

Diese Meditation findest du auf meiner Meditations-CD.

Wirkung
Wie es der Name bereits sagt, reinigt diese Meditation.

Vorgehen
Atme tief durch deine Nase in deinen physischen Körper ein und aus. Stelle dir vor, du stehst unter einem Wasserfall. Das Wasser ist strahlend blau und vollkommen sauber. Lass das Wasser über deine Schultern herabfließen. Spüre das Wasser auf deinen Schultern. Stelle dir vor, dass es alte Blockaden und Belastungen von dir fortschwemmt. Das Wasser hat exakt die Temperatur, die du gerne magst. Es strömt nun auch zu deinem Kronenchakra in deinen Kopf hinein und durchströmt deinen gesamten Körper. Lass das Wasser durch deinen Kopf, über die Schultern, in deine Arme und bis in die Fingerspitzen fließen. Es fließt auch durch deinen Oberkörper, in deinen Hüftbereich, in deine Oberschenkel, in die Waden bis in die Zehenspitzen. Öffne gedanklich deine Fußsohlen und lass das Wasser zu deinem Körper hinaus in Mutter Erde herabströmen. Lass das Wasser ein paar Mal zu deinem Kopf hereinströmen und wieder zu deinen Füßen herausfließen. Lass es auch außerhalb von deinem physischen Körper an dir herabfließen. Bleib so lange bei der Übung, wie du Lust hast und bis du wieder frisch und motiviert bist. Du kannst immer auch eine weitere Meditation anhängen. Du hast außerdem die Möglichkeit, im bloßen „Sein" zu bleiben. In diesem Zustand richtest du deine Wahrnehmung vollkommen in dein Inneres und schaltest deinen Verstand komplett ab. Sei ohne Erwartungen und bleibe einen Moment in dieser Stille. Beende die Meditation, indem du deine Augen öffnest und dich auf deinen Körper und deine Umgebung konzentrierst. Strecke dich nach Lust und Laune und bewege deine Arme und Beine.

Herzmeditation

Diese Meditation findest du auf meiner Meditations-CD.

Wirkung
Diese Übung öffnet den Herzbereich. Sie verhilft zu mehr Liebe für sich und andere.

Vorgehen
Atme tief und gleichmäßig durch deine Nase in deinen physischen Körper ein und aus. Konzentriere dich auf dein Herzchakra, auf den Bereich in der Mitte deiner Brust. Stelle dir dort ein Tor vor. Öffne das Tor so weit wie möglich und wie es für dich stimmig ist. Stelle dir vor, es wachsen Pflanzen und Blumen aus deinem Herzchakra heraus. Vielleicht hörst oder siehst du auch Tiere in der Umgebung. Tritt gedanklich in diese Landschaft ein und nimm die Ruhe und Harmonie dieser Umgebung und der Tierwelt bewusst wahr. Lass diese Energie in deinen gesamten Körper strömen. Nach einer Weile trittst du wieder durch das Tor zurück in deinen physischen Körper. Das Tor lässt du geöffnet. Nimm beide Hände vor die Brust und halte die Eindrücke und die angenehme Stimmung fest. Atme noch ein paar Mal tief ein und aus. Verströme diese Kraft nochmals in deinem gesamten Körper und um dich herum. Komm bewusst in das Hier und Jetzt zurück, indem du deine Augen öffnest und deine Umgebung wahrnimmst.

Zitronenmeditation

Diese Meditation findest du auf meiner Meditations-CD.

Wirkung
Das Gelb der Zitrone in Kombination mit dem säuerlichen Geschmack wirkt auf dich erfrischend. Diese Meditation belebt und motiviert. Außerdem fördert sie deine Vorstellungskraft.

Vorgehen
Atme tief und bewusst durch deine Nase in deinen physischen Körper ein und aus. Stell dir vor, du hältst eine Zitrone in deiner Hand. Betrachte diese. Spüre die Zitronenschale in deiner Hand. Nimm ein Messer und schneide ein Stück heraus. Beiß in diesen Teil hinein und spüre den sauren Geschmack in deinem Mund. Lass den Zitronensaft in deinen gesamten physischen Körper verströmen. Du kannst die Meditation noch verstärken, indem du dem Saft eine gelbe Farbe gibst. Schließ die Meditation ab, indem du deine Augen öffnest und du dich auf deinen physischen Körper konzentrierst.

Zielprogrammierung

Diese Meditation findest du auf meiner Meditations-CD.

Wirkung
Was sich der Mensch vorstellen kann, an das kann er glauben. Der Glaube an die eigenen Ziele und Visionen ist Grundvoraussetzung für die Verwirklichung deiner Ziele. Die Zielprogrammierungsmeditation gibt dir die Möglichkeit, eine Situation oder eine Idee zu erleben. Da das Gehirn des Menschen nicht zwischen Realität und Vorstellung unterscheiden kann, stellt die Vorstellung für dein Gehirn bereits die Realisierung dar. Das Gehirn meint, es sei bereits geschehen und das Ziel erreicht. Dadurch fällt es dir dann in deinem Alltag leichter, das Ziel auch physisch zu realisieren. Die Gedankenkraft des Menschen ist nicht zu unterschätzen. Das, was du säst, das erntest du. Es lohnt sich, deine Gedanken bewusst einzusetzen und positiv auszurichten.

Vorgehen
Schließe deine Augen und atme tief durch deine Nase in deinen physischen Körper ein und aus. Folge gedanklich deinem Atemfluss. Falls andere Gedanken auftauchen, stell dir vor, sie sind Wolken. Lass sie an dir vorbeiziehen. Verweile einen Moment

mit dieser Atmung. Stelle dir dabei vor, wie du neue Kraft beim Einatmen aufnimmst und wie du beim Ausatmen alles Schwere und Blockierende loslässt.

Stelle dir jetzt einen hellen Tunnel vor. Du gehst gedanklich in diesem Tunnel vorwärts, bis du am Ende ankommst. Dort befindet sich ein großes Fenster. Schau hinaus. Vor dem Fenster siehst du dich im gewünschten Ziel-Zustand. Versetze dich vollständig in die Ziel-Situation und spüre auch, wie es dir dabei geht. Nimm deine Gefühle bewusst wahr. Wie sehen die Szenen aus? Du bist der Regisseur deines Filmes. Drehe deinen Film so, wie du ihn gerne hast. Für den Erfolg der Übung ist es nicht wichtig, ob du die Bilder siehst. Es genügt, wenn du in Gedanken ganz bei der Übung bist und spürst, wie sich dein Ziel anfühlt und wie es dir dabei geht. Spüre es in deinem Körper. Du hast dein Ziel erreicht. Freue dich darüber. Lache.

Nachdem du den Ziel-Zustand kreiert hast, wendest du dich wieder vom Fenster ab. Schau im Tunnel zurück zum Anfangszustand und stell dir folgende Frage: „Gibt es etwas, das ich noch beachten darf? Gibt es ein Wort oder ein Symbol, das mich auf dem Weg zum Ziel unterstützt und mir Motivation spendet?" Schreibe die Antworten auf diese Fragen auf oder zeichne sie am Ende der Übung auf ein Blatt Papier. Notiere dir nach der Meditation auch deine Vision in positiven Sätzen. Du kannst das Blatt ab jetzt immer in die Hand nehmen, wenn du Motivation brauchst. Dadurch fällt es dir wieder leicht, an die Vision zu glauben und dich wieder auf dein Wunsch-Ziel zu besinnen. Überprüfe deine Vision auch von Zeit zu Zeit und ergänze oder ändere sie, falls nötig.

Gehe jetzt durch den Tunnel wieder zurück und öffne am Schluss deine Augen. Konzentriere dich einen Moment bewusst auf deinen Körper und den Raum, in dem du dich befindest. Anschließend nimmst du ein Blatt Papier und schreibst deine Gedanken und deine Vision auf.

Ausgleichsübungen

Entspannungsübung

Wirkung
Das Halten der Stirn und des Hinterkopfs wirkt entspannend und schafft einen klaren Kopf. Diese Position kann auch zur Zielprogrammierung eingenommen werden oder um das Gedankenkarussell abzuschalten.

Vorgehen
Für die Entspannungsübung hältst du deine Stirn und deinen Hinterkopf. Die eine Hand legst du auf deinen Kopf und die andere Hand auf deinen Hinterkopf. Schließe deine Augen und atme tief durch deine Nase ein und aus. Versetze dich in eine Situation, die dir bevorsteht und die du positiv beeinflussen möchtest. Das kann eine Sitzung mit einem wichtigen Kunden oder ein Gespräch mit einem Familienmitglied oder einem Freund sein. Male dir die Situation so aus, wie sie sein soll. Du beeinflusst bei dieser Übung nur deine Haltung und deine Reaktionen. Die anderen lässt du sein. Durch dein verändertes Verhalten ändert sich automatisch auch dein Umfeld. Die Menschen um dich herum reagieren anders.

Gehe auch mit deinen Gefühlen in die Übung hinein. Wie fühlst du dich? Wie geht es dir dabei?

Möchtest du ein belastendes Erlebnis loslassen? Halte dafür deinen Hinterkopf und deine Stirn und lass die Situation/das Ereignis wie Wasser aus deinem Kopf und deinem gesamten Körper herausströmen. Atme auch tief und bewusst durch deine Nase in deinen physischen Körper ein und aus und lass los. Du kannst dir auch bewusst sagen: „Ich lasse los. Alles Schwere und Belastende fließt jetzt von mir fort und wird in Liebe transformiert."

Gehirnmessungen zeigen, dass gedanklicher Stress denselben Gehirnbereich aktiviert wie effektiver Stress. Deshalb ist es hilfreich, auf deine Gedanken zu achten und dein Leben durch deine Worte, Gedanken und Taten selber zu gestalten. Zu diesem Thema findest du viele hilfreiche Tipps und Informationen in meinem Buch „Die Schlüssel für dein glückliches Sein".

Thymusklopfen

Wirkung
Klopfen des Thymuspunktes energetisiert und wirkt aktivierend. Thymusklopfen kannst du z. B. einsetzen vor Vorträgen, Prüfungen, wichtigen Sitzungen und wenn du dich aufwecken möchtest.

Vorgehen
Klopf ein paar Mal mit deinen Fingerspitzen deiner Hand den Thymuspunkt. Er liegt ca. eine Handbreit unterhalb von deinem Hals. Atme bewusst in deinen Brustbereich ein und aus, indem du durch die Nase einatmest und durch deinen Mund loslässt.

Gehirnintegrationsübungen

Deine rechte Gehirnhälfte ist deine kreative, intuitive Seite und die linke ist deine analytische Seite. Man könnte auch sagen, die rechte Gehirnseite ist weiblich und links ist männlich. Damit du dein gesamtes Gehirnpotential lebst und immer wieder aktivierst, kannst du folgende Übungen durchführen:
- Ohrenmassage
- Mit der linken Hand schreiben (Rechtshänder) oder Zähne putzen, Linkshänder mit der rechten Hand
- Auf einem Seil balancieren
- Analytische Aufgaben lösen und gleichzeitig Musik hören
- Beim Lernen auf und ab gehen
- Einen Crosstrainer benutzen

Übungen aus der Quantenheilung

Die Kraft liegt in dir; glaube und vertraue in sie, und du wirst viel Reichtum in dein Leben ziehen. Wenn du positiv und aufbauend denkst, dann förderst du dein Wohlbefinden und du bist zufrieden mit dir und deinem Leben.

Jeder Mensch hat alles in sich. Je nachdem, wie du dich ausrichtest, produzierst du durch deine Gedanken, Worte und Taten Gesundheit, Reichtum, Wohlbefinden, Freude etc. Wer erkennt, dass er alles in sich trägt, der kann sein Leben in die Hand nehmen und das manifestieren, was er sich wünscht.
Erlaube auch du dir, das Leben zu leben, das dich glücklich macht. Denke und handle positiv und wohlwollend. Du wirst ganz viel zurückbekommen. Mit all deinen Worten und Gedanken und Taten säst du dir in deinem Garten deine zukünftige Ernte. Dein Leben ist der Garten. Wünschst du dir den Garten Eden, dann säe Liebe und lebe und glaube an das Positive. Glaube an dich und deine Ziele und bleib auf deinem Weg, egal was kommt. Sei immer du selbst und wisse, dass alles in dir liegt. Dadurch förderst du deine innere Einstellung, deine Selbstheilungskräfte, dein Wohlbefinden und die Freude in deinem Leben.

Die wichtigste Voraussetzung zur Entfaltung deiner Selbstheilungskräfte ist der Glaube, gesund zu werden. Dein Glaube kann Berge versetzen.

Gedanken sind Wolken

Wirkung
Beruhigt das Gedankenkarussell und lässt dich abschalten. Hilft, in das Nullpunkt-Feld zu kommen, dort, wo alles möglich ist. Es ist die Leere, wo ganz viel Raum für neue Gedanken und Möglichkeiten ist.

Vorgehen
Lass deine Gedanken wie Wolken vorbeiziehen. Halte sie nicht auf. Lass sie ihren Weg gehen. Schenke ihnen keine Beachtung. Deine Gedanken sind wie Wolken am Himmel. Sie bewegen sich ohne deine Aufmerksamkeit an dir vorbei und schon sind sie um die Ecke und fort. So einfach ist es. Nur wenn du ihnen Be-Achtung schenkst, dann passiert etwas. Ansonsten haben sie keine Wirkung auf dich und dein Umfeld.

Du kannst die Übung auch ein wenig abändern und dir, während deine Gedanken wie Wolken an dir vorbeiziehen, folgende Frage stellen: „Woher kommt mein nächster Gedanke?" Oder du fragst: „Welche Farbe hat mein nächster Gedanke?" Die Gedanken hören dann für einen Moment auf. Es entsteht Ruhe, ein Gefühl von Frieden. Das ist das Einheitsgefühl. Du bist nun im Nullpunkt-Feld.

Entspannungspunkt in der Mitte der Stirn

Wirkung
Hilft, das Gedankenkarussell abzuschalten. Löst Verwirrung. Wirkt allgemein beruhigend und klärend auf den Verstand. Gedankenmuster entspannen sich. Es tritt Ruhe und ein entspanntes Gefühl im Stirnbereich ein. Es kann auch sein, dass du eine entspannende und angenehme Kühle auf deiner Stirn spürst.

Vorgehen
Mit dem Zeigefinger berührst du deine Stirnmitte. Du gehst gedanklich ganz in die Berührung hinein. Wie fühlt sie sich an?

Übung Quantenheilung

Wirkung
Löst emotionale Themen auf.

Vorgehen
Du lässt die Gedanken wie Wolken an dir vorbeiziehen. Spüre das Gefühl, welches im Moment im Raum steht, respektive dich beschäftigt. Tauche ganz in das Gefühl hinein und dann lässt du es los. Sobald das Einheitsgefühl da ist, nährst du nur dieses Gefühl. Du konzentrierst dich bloß noch auf das Einheitsgefühl. Führe diese Übung am Anfang mit geschlossenen Augen durch. Später kannst du sie auch mit geöffneten Augen machen.

Diese Übung kannst du auch mit „belastenden" Gedanken durchführen. Du nimmst dann statt dem Gefühl den Gedanken wahr.

Einführung 2-Punkte-Methode

Wirkung
Baut Stress ab, schafft einen klaren Kopf, löst Verwirrungen.

Vorgehen
Lege eine Hand auf irgendeine Körperstelle von dir, z. B. auf dein Knie, und die andere Hand legst du z. B. auf die Mitte deiner Brust. Spüre abwechselnd das Gefühl unter der einen Hand und dann unter der anderen. Dann spürst du unter beide Hände gleichzeitig. Es stellt sich das Einheitsgefühl im Nullpunkt-Feld ein. Bleibe in diesem Bewusstsein.

Baby 2-Punkte-Methode

Ich nenne diese Übung so, weil sie kinderleicht ist und auch mit Kindern gut angewendet werden kann.

Wirkung
Auflösung von x-beliebigen Themen körperlich, emotional, mental, spirituell.

Vorgehen
Die Übung kannst du für dich alleine oder mit einer anderen Person, welche ich hier Kunde nenne, durchführen. Wenn du die Übung für dich durchführst, dann entfällt bei Punkt 2 der Schritt in die Aura.

1. Der Kunde konzentriert sich auf sein Thema, welches er lösen möchte, und bewertet die Intensität auf einer Skala von 0 (schwach) bis 10 (sehr stark).
2. Du machst bewusst einen Schritt in die Aura des Kunden (relativ nahe zum Menschen gehen, ca. 50 cm Abstand) und berührst ihn mit der einen Hand auf der Schulter. Die andere Hand hältst du vor den Körper des Kunden.
3. Der Kunde schließt seine Augen und geht gedanklich an einen schönen Ort.
4. Du lässt das Einheitsgefühl geschehen, vgl. vorherige Übung „Einführung in die 2-Punkte-Methode". Du hast keine Absicht wie z. B. „das Thema muss sich jetzt unmittelbar lösen", lass es wirken und bleib ganz neutral. Es kann sein, dass der Kunde nach hinten umfällt, deshalb sollte hinter ihm eine weiche Matte, ein Stuhl oder dergleichen liegen.
5. Wenn der Kunden sich nicht bewegt, dann kannst du dir innerlich die Frage stellen: Was braucht der Kunde jetzt? Oder: Was ist im Moment das Beste für ihn? Du kannst intuitiv die Position und Höhe der Hand vor seinem Körper verändern. Wichtig: Keinen Druck ausüben, auch nicht mental.
6. So lange im Einheitsgefühl bleiben, wie du das Gefühl hast, dass es sein soll. Anschließend steigst du bewusst aus der Übung

aus und schließt sie gedanklich ab, indem du einen Schritt vom Kunden fortgehst. Falls der Kunde umfällt, dann soll er sich Zeit zum Aufstehen lassen.
7. Evtl. am Schluss die Intensität des Themas auf einer Skala von 0–10 beim Kunden abfragen. Für Kopfmenschen ist die Skalierungsfrage sehr gut, dann haben sie einen Anhaltspunkt, an dem sie sich festhalten können. Dadurch denkt ihr Verstand: Ah, die Übung hat funktioniert, weil sich der Wert am Ende der Übung gegenüber dem Anfang verändert hat. Allenfalls die Übung wiederholen, bis der Wert bei 10 ist.

Übungen zur Entfaltung deines wahren Seins

Wenn du erkennst, wer und was du bist, dann kannst du deine Kräfte gezielt einsetzen. Durch diese Kräfte kannst du manifestieren, also das in dein Leben rufen, was du dir wünschst.

Die Entfaltung deiner Persönlichkeit geht über mehrere Stufen. Ein Teil davon sind deine Energiekörper. Sie machen deine Ausstrahlung aus. Widme dich täglich dir selbst und du erkennst deine Einzigartigkeit. Nimm dir Zeit für deine Ausstrahlung, denn sie ist dein Magnet.
Durch deine Ausstrahlung ziehst du Dinge, Menschen, Umstände etc. in dein Leben. Strahlst du Liebe aus, bekommst du Liebe. Sendest du positive und wohlwollende Gedanken an andere Menschen, dann sind dir die Wesen um dich herum gut gesinnt. Dein Magnet bewirkt, was in dein Leben kommt: Gleiches zieht Gleiches an oder solche Menschen, die so sein wollen, wie du es bist.

In diesem Teil des Buches erhältst du einfache, handliche Übungen, die du überallhin mitnehmen kannst. Außerdem bekommst du Werkzeuge, die dir helfen, dein Wesen zu entfalten.

Wie du diesen Teil des Buches nutzen kannst:
- Frage dich: „Welchen Energiekörper soll ich im Moment stärken? Den physischen Körper, den emotionalen Körper, das Innere Feuer, den mentalen Körper, den spirituellen Körper?" Anschließend wählst du zum jeweiligen Energiekörper spontan eine Übung aus. Diese machst du dann für die nächsten 14 Tage. Wenn du ein Mensch bist, der viel Abwechslung braucht, dann wählst du die nächsten 14 Tage jeden Tag eine neue Übung für den entsprechenden Energiekörper aus. Diese führst du dann ein paar Mal durch.
- Wähle z. B. drei Monate lange alle drei Tag spontan eine Übung aus diesem Teil des Buches aus. Diese Übung machst du dann die nächsten drei Tage.

- Eine andere Möglichkeit ist, dass du dich auf ein Thema oder auf eine Situation konzentrierst, wo du Heilung möchtest und dann eine Übung spontan auswählst. Wenn es ein intensives, langjähriges Thema ist, dann kannst du die Übung die nächsten 14–21 Tage täglich machen, um in diesem Bereich Heilung und Stärkung zu erhalten.

Physischer Körper

Dein physischer Körper ist dein Fundament. Nur mit ihm kannst du ein Leben in diesem Körper führen als der Mensch, der du bist. Achte auf ihn. Die nachfolgenden Übungen stärken alle deinen physischen Körper. Es lohnt sich, immer wieder mal eine Übung aus diesem Teil auszuwählen und sie eine Weile zu machen. Vielleicht gefällt dir die Übung so gut, dass du sie sogar in deinen normalen Tagesablauf einbaust.

- ### Übung „Fundament aufbauen"

Frage dich: Was sind deine Ziele? Vertraue, dass sie in Erfüllung gehen. Behalte die Motivation und sei ausdauernd.

Ein gutes Fundament schaffst du dir z. B. durch gute Schulbildung (geistige Bildung), einen gesunden und gestärkten Körper und Beharrlichkeit.

- ### Übung „Lebe jetzt"

Deine Verabredung mit dem Leben findet im gegenwärtigen Moment statt. Und der Treffpunkt ist dort, wo du dich jetzt befindest (Buddha).

- Übung „Essen"

Knollengemüse wie z. B. Karotten wirkt erdend. Iss heute etwas Erdendes. Auch Schokolade erdet dich. Iss täglich erdende Nahrungsmittel. Sie geben dir Boden.

- Übung „Wasser"

Trinke heute und allgemein jeden Tag reines Wasser vom Wasserhahn. Klares Wasser reinigt deinen physischen Körper und nährt ihn mit Mineralstoffen. Ein Wasserfilter hält dein Wasser rein, wenn du in einer Großstadt oder auf einer Insel lebst, wo das Wasser unrein ist.

- Übung „Last abstreichen"

Bitte einen göttlichen Helfer von dir, dass er dir jetzt alle Last von deinem physischen Körper streicht. Wenn du diese Übung mit jemandem gemeinsam machst, dann streicht ihr euch nacheinander mit den Händen von den Schultern über den Rücken und die Beine hinunter. Dadurch wird zusätzlich dein Körperfluss angeregt.

- Übung „Ohren reiben"

Diese Übung unterstützt das gute Hören und regt den Energiefluss in deinem Körper an. Massiere mit deinen Fingern gleichzeitig beide Ohren, indem du sie von innen nach außen ausstreichst.

- ### Übung „Organe anlächeln"

Schenke einem Körperorgan ein Lächeln. Durch die Aufmerksamkeit wird das Organ angeregt. Diese Übung kann für jedes Organ durchgeführt werden. Deine Organe danken es dir.

- ### Übung „Blockaden im Körper durch Atmung lösen"

Atme mindestens zehnmal in eine Körperstelle, die im Moment Aufmerksamkeit benötigt.

- ### Übung „Wirbelsäule mobilisieren"

Diese Übung regt den Energiefluss in deiner Wirbelsäule an. Sie verhilft dir zu Flexibilität und Mobilität in deinem Leben. Mach dazu fünfmal kniend in der Tischposition einen Katzenbuckel. Anschließend biegst du deinen Oberkörper im Stehen fünfmal seitlich nach links und nach rechts.

- ### Übung „Körperenergie balancieren"

Halte für einen Moment die Fingerspitzen von jedem Finger mit Daumen und Zeigefinger der anderen Hand. Dadurch wird der Energiefluss in deinem gesamten Körper angeregt. Mach diese Übung täglich, und du bist gesund.

- ### Wer bist du?

Wenn du nicht dein physischer Körper bist, wer bist du dann? Formuliere in positiven Worten, wer du bist.

- **Meridiane abklopfen und aktivieren**

Klopfe mit den Fingerspitzen leicht deinen gesamten Körper von Kopf bis Fuß und wieder zum Herzen ab.

- **Übung „Entladen"**

Stelle deine Füße fest auf den Boden. Stelle dir vor, wie alle Energie, die jetzt aus deinem Körper gehen darf, über deine Füße abfließt. Alles, was zu viel ist und dich stört, fließt jetzt ab.

- **Übung „Ernährung"**

Halte eine Hand auf deinen Magen, im Rippenbogen am Ende deines Brustbeines. Frage dann deinen Magen, was ihm jetzt guttut. Höre dabei auf deine inneren Impulse, die als eine innere Stimme oder ein Bild auftauchen können.

- **Den physischen Körper stärken**

Frage dich: „Was stärkt meinen physischen Körper jetzt? Was tut ihm gut?" Wenn du die Antworten erhältst, dann folge ihnen noch heute.

Emotionaler Körper

Dein emotionaler Körper reagiert auf die Schwingungen/Stimmungen im Außen. Wenn du sie bewusst wahrnimmst, kannst du sie als das lassen, was sie sind. Sie sind wie Wasserwellen, die kommen und auch wieder gehen, wenn du sie ziehen lässt.

Für die Heilung deines emotionalen Körpers kannst du Farben nutzen, denn dieser Körper reagiert auf die feinen Schwingungen von Farben. Sie sind Balsam für deine Emotionen. Sie wirken fein und effektiv.

- **Übung „Hellgrün – Die Farbe der Heilung"**

Frage dich: Wo darf Heilung in meinem Leben geschehen? Lass in diesen Bereich die Farbe Hellgrün hineinfließen. Visualisiere dafür die Farbe Hellgrün, wie sie dort hinfließt und sich ausbreitet. Du kannst die Farbe auch gedanklich hinströmen lassen und dir folgenden Satz sagen: „Ich lasse jetzt in den Bereich X Hellgrün strömen."

- **Übung „Violett – Die Farbe der Transformation"**

Frage dich: „Welcher Bereich in meinem Leben braucht Veränderung?" Lass dort die Farbe Violett als violette Flamme brennen. Sie wirkt in diesem Teil deines Lebens heilend und lösend. Dadurch entsteht Raum für Neues.

- **Übung „Blau – Die Farbe der Ruhe (meditative Stimmung)"**

Denkst du viel über Dinge nach? Dann lass Ruhe in deinen Kopf in Form von Blau einströmen. Dadurch werden auch deine

Emotionen beruhigt. Visualisiere dir dazu die Farbe Blau und lass sie in deinem gesamten Gehirn verströmen und alle Gehirnbahnen durchströmen und beruhigen, bis es ganz ruhig ist.

- **Übung „Gelb – Die Farbe der Vitalität und der Motivation"**

Motiviere dich und anderen Menschen mit positiven und wohlwollenden Worten. Sag dir jetzt spontan ein motivierendes Wort oder einen Satz und motiviere noch heute auch einen anderen Menschen. Denn alles, was du schenkst, kommt als ein Vielfaches zu dir zurück. Sei dir und anderen ein guter Freund.

- **Übung „Grün – Die Farbe des Herzchakras"**

Stell dir vor, es wächst ein grüner Wald aus der Mitte deines Brustkorbs heraus. Die Mitte deiner Brust öffnet sich und dieser Bereich wird ganz groß. Es fließt mit der Zeit ganz viel Liebe in dein Herzchakra und ein angenehmes Gefühl verströmt sich aus deiner Brust heraus.

- **Übung „Rot – Die Farbe der Kraft und des Führergeistes"**

Frage dich jetzt, wo du in deinem Leben in Führung gehen darfst. Stell dir dazu vor, dass du einen roten Holzstab in der Hand hast. Du klopfst mit diesem Stab auf den Boden und sagst als Anführer, was du zu sagen hast. Sag es jetzt auch laut.

- **Übung „Orange – Die Farbe des Nabelchakras im Bauchbereich"**

Stell dir vor, dein Bauch ist ein orangefarbenes Meer. Dieses Meer färbt sich immer mehr in diesem Ton, bis dein ganzer Bauch orangefarben ist. Diese Farbe strömt jetzt auch in deine Freundschaften und zu deinem Partner, wenn du einen hast.

- **Übung „Braun – Die Farbe der Erdung"**

Stell dir vor, es wachsen Wurzel wie bei einem Baum aus deinen Füßen in Mutter Erde. Sie reichen tief in ihr Inneres bis zu ihrem Herzen hinunter. Spüre, wie viel Kraft von Mutter Erde über diese Wurzeln in deinen Körper strömt. Diese Übung ist eine gute Erdungsübung, die du täglich in deinen Alltag einbauen kannst.

- **Übung „Silber – Eine weibliche Energie"**

Nutze die Energie des Mondes. Stelle ein eigenes Mondwasser her, indem du bei Voll- oder Neumond drei Tage lang Wasser in einer Flasche nach draußen stellst. (Vollmond ist die Zeit, um etwas zu verstärken. Neumond ist die Zeit des Neubeginns.) Trinke dieses Wasser anschließend schluckweise. Es wirkt reinigend, stärkend und beruhigend.

- **Übung „Gold – Die Farbe der Weisheit"**

Stell dir vor, du hast ein riesiges Goldstück in deinem Herzen. Immer, wenn du Antworten brauchst, kannst du die Frage stellen und auf die Weisheiten horchen, die dir das Goldstück in deinem Herzen sagt. Stelle dafür eine Frage und richte währenddessen deine ganze Aufmerksamkeit auf das Goldstück in deiner Brust. Was antwortet dir dein Goldstück? Horche auf deine inneren Impulse, die als Worte, Bilder oder Wissen auftauchen können.

- Übung „Rosa – Die Farbe der Geborgenheit"

Setze dich gedanklich in rosa Watte und spüre die Geborgenheit, die dich jetzt umgibt. Du kannst auch täglich deinen Bauchbereich rosa wattieren, damit du dich kuschelig, wohl und geborgen fühlst.

- Übung „Pink – Die Farbe der bedingungslosen Liebe"

Wem möchtest du bedingungslose Liebe schenken und ihn so lieben, wie er ist? Mach diese Übung über einen längeren Zeitraum, damit sich diese Liebe in deinem Leben integrieren kann.

- Übung „Weiß – Die Farbe der Reinheit"

Stell dir folgende Frage: „Wo möchte ich ganz rein sein?" Lass anschließend dort die Farbe Weiß hinfließen. Bitte auch deine geistigen Helfer um Reinheit in diesem Bereich.

Inneres Feuer

- Übung „Liebe schenken"

Schenke heute jemandem in deinem Umfeld/in deiner Nachbarschaft ein liebes Lächeln oder auf eine andere Art Liebe.

- Übung „Liebe als Heilkraft"

Frage dich jetzt: „Wo braucht es in meinem Leben Heilung?" Schicke anschließend mit Unterstützung deiner geistigen Helfer Liebe in diesen Bereich.

- Übung „Liebe durch Worte schenken"

Sage heute jemandem in deinem Umfeld etwas Liebes, ein paar liebe Worte. Stelle dir vor, wie diese Worte aus deinem Herzen kommen. Wichtig ist, dass du diese Worte auch ehrlich meinst.

- Übung „Rosa Liebesball"

Gibt es einen Menschen in deinem Umfeld/Bekanntenkreis, der jetzt viel Liebe brauchen kann? Dann schicke ihm gedanklich einen rosa Ball gefüllt mit Liebe.

- Übung „Wohlbefinden durch Liebe"

Welcher deiner Körperteile kann im Moment viel Liebe brauchen? Schick einen Lichtstrahl mit viel Liebe (Liebesstrahl) zu dieser Körperstelle und lass die Liebe dort ihre Heilkraft entfalten.

- Übung „Liebe als Gruppenenergie"

Diese Übung kannst du mit einer Gruppe von Menschen physisch oder gedanklich durchführen oder Engel dafür einladen: Bilde einen Kreis mit anderen Menschen oder visualisiere dich im Kreis von Engeln. Haltet euch an den Händen und schickt Liebe aus der rechten Hand im Kreis herum. Spüre die Liebe, wie sie sich ausbreitet und auch in dir strömt.

- Übung „Feuer der Liebe entfachen"

Stell dir vor, unter dir ist eine Feuerflamme. Es ist deine Kraft/dein Feuer. Du setzt dich auf diese Flamme. Alles, was sich transformieren/heilen darf, wird jetzt in der Kraft dieses Feuers in

Liebe umgewandelt. Es steht dir anschließend als gesunde Kraft wieder zur Verfügung.

- **Übung „Selbstliebe"**

Sag dir in Gedanken oder laut etwas Liebes und schenke dir dadurch Liebe.

- **Übung „Malen als Herzübung"**

Male noch heute etwas mit Pink oder male ein Herz. Pink und Herzen malen wirkt auf dein Herzchakra. Es stärkt die Liebe in dir.

- **Übung „Essen als Nahrung für dein Herzchakra"**

Iss eine Woche lang täglich grüne Nahrungsmittel. Grün ist eine Farbe des Herzens. Sie stärkt die Liebe in dir.

- **Übung „Licht im Herzen"**

Stell dich vor eine brennende Kerze und nimm gedanklich das Licht der Kerze in die Mitte deiner Brust, in dein Herzchakra. Spüre anschließend für einen Moment die Kraft in deinem Herzchakra.

- **Übung „Umgib dich mit Liebe"**

Schau täglich etwas Rosafarbenes an, ein Bild, ein Handtuch, eine Farbkarte oder trag rosa Kleider. Auch Bilder mit Herzen schenken dir Liebe.

- Übung „Herztüren öffnen"

Stell dir vor, dein Herzchakra hat Türen. Öffne diese Herztüren gedanklich. Gehe diese Woche bewusst mit geöffnetem Herzen unter Menschen. Dadurch kann die Liebe aus deiner Mitte strömen. So fühlst du dich wohler, und die Menschen um dich herum ebenso. Außerdem wird deine Aura stabilisiert.

Mentaler Körper

- Übung „Gedankenleere"

Atme tief ein und halte zwischen dem Ein- und Ausatmen deinen Atem kurz an. Verweile immer einen Moment in der Leere, die zwischen dem Ein- und Ausatmen liegt. Genieße diese Gedankenleere und tauche in sie ein, damit du sie in deinem Alltag auch immer wieder herholen kannst.

- Übung „Achtsamkeit"

Was hast du soeben gedacht? War es ein Gedanke, der dich weiterbringt? Wenn nicht, dann hole ihn in dein Herz zurück und lass ihn los. Wenn ja, dann gib noch mehr Aufmerksamkeit hinein. Sei achtsam mit deinen Gedanken, denn sie sind deine zukünftige Ernte. Du säst deinen Garten um dich herum. Dein Garten ist dein Leben.

- Übung „Wünsch dir etwas"

Von was möchtest du mehr in dein Leben holen? Wünsch es dir und übergib deinen Wunsch gedanklich als Satz deinen geistigen Helfern. Sie unterstützen dich bei der Erfüllung deines Wunsches.

- Übung „Liebe Gedanken schicken"

Schicke jemandem aus deinem Umfeld einen lieben Gedanken. Gedanken kommen bei anderen bewusst oder unbewusst an.

- Übung „Kraft der Gedanken"

Wie möchtest du sein? Male dir in Gedanken aus, wie du sein möchtest. Ideal ist, wenn du dir diesen Wunsch auch aufschreibst. Denn Schreiben ist der erste Schritt zur Manifestation deiner Wünsche.

- Übung „Mental Power gepaart mit Engelskraft"

Wo möchtest du etwas in deinem Leben ändern? Denk es dir so, wie es sein soll und bitte deine geistigen Helfer um Unterstützung.

- Übung „Gedanken lesen"

Konzentriere dich bei einem Gespräch mit einer nahestehenden Person statt auf ihre Worte auf ihre Gedanken. Du richtest dafür deine Aufmerksamkeit auf ihre Stirn und fragst dich innerlich: „Was denkt mein Gegenüber im Moment?" Horche auf die Antwort, die du in deinem Inneren empfängst.

- Übung „Ich Bin"

In deinem Inneren, in der Mitte deiner Brust, liegt eine urgöttliche Kraft. Ich nenne sie auch „Gott in mir" oder „Ich Bin". Konzentriere dich einen Moment auf diese Kraft und spüre sie in dir.

- Übung „Du bist nicht deine Gedanken"

Du bist nicht, was du zu sein denkst. Du bist viel mehr. Denke „Ich Bin". Das ist die Urschöpferkraft in dir. Aktiviere sie durch deine Gedanken und sage dir: „Ich bin Freude" etc. Sage dir, was du sein möchtest.

- Übung „Manifestation"

Alles, was du denkst, ist ein Same, aus dem deine zukünftige Ernte entsteht. Denke jetzt an etwas, dass du in dein Leben holen möchtest, damit es wachsen und reifen darf.

- Übung „Lesen und wirken lassen"

Lies diese Geschichte und lass sie wirken:
Ein alter Meister wurde gefragt: „Was ist dein Geheimnis, glücklich und zufrieden zu sein?" Der Alte antwortete: „Wenn ich liege, dann liege ich. Wenn ich aufstehe, dann stehe ich auf. Wenn ich gehe, dann gehe ich, und wenn ich esse, dann esse ich."
„Aber", sagte einer der Fragenden, „das tun wir auch! Wir schlafen, essen und gehen. Aber wir sind nicht glücklich. Was ist also dein Geheimnis?"
Der Alte antwortete: „Sicher liegt auch ihr und ihr geht auch und ihr esst. Aber während ihr liegt, denkt ihr schon ans Aufstehen. Während ihr aufsteht, überlegt ihr, wohin ihr gehen sollt. Und während ihr geht, fragt ihr euch, was ihr essen werdet. So sind eure Gedanken ständig woanders und nicht da, wo ihr gerade seid. Aber nur im Jetzt habt ihr die Chance, wirklich glücklich und zufrieden zu sein."

- Übung „Ruhiger Mantel"

Stell dir bildlich vor, du trägst einen blauen Mantel, der deinen gesamten Körper umgibt und dir Ruhe spendet. Verweile einen Moment in dieser Ruhe, die sich auch in deinem Inneren ausdehnt.

- Übung „Loslassen"

Stelle dir vor, deine Gedanken sind Wolken. Hast du einen störenden Gedanken, den du loslassen möchtest, dann lass ihn wie eine Wolke von dir fortziehen.

Spiritueller Körper

- Übung „Erzengel Michael"

Der Erzengel Michael löst Bindungen. Gibt es Personen, die dich binden? Bitte Erzengel Michael, diese Bindungen zu lösen, damit nur die Herzverbindung besteht und wirkt. So kannst du dich frei fühlen und frei von Bindungen sein.

- Übung „Mutter Maria"

Als göttliche Mutter schützt sie dich. Bitte Maria, ihre schützende Hand in einer Situation, wo du es wünschst, über dir zu halten. Maria sorgt dann für die nötige Liebe, die heilend und wärmend wirkt.

- Übung „Hilarion"

Was heißt Wahrheit? Sprichst du täglich die Wahrheit? Hilarions Energie bringt dich mit dem Thema Wahrheit in Kontakt. Lass

Wahrheit bei dir ins Leben strömen, denn das schafft Vertrauen und Mut, ehrlich zu sein.

- Übung „Jesus"

Jesus sagte: „Werdet wieder wie Kinder." Was würdest du jetzt als Kind tun? Mach jetzt etwas Kindliches/Lustiges. Spüre dabei die Leichtigkeit, die sich in dir ausbreitet. Es macht Freude und ist leicht.

- Übung „Du"

Du bist ein wunderbares und kostbares Wesen. Stell dir jetzt vor, du füllst dich ganz mit dir selber vom Kronenchakra aus auf. Spüre anschließend, wie sich deine Energie anfühlt. Spürst du dich? Wie fühlst du dich an?

- Übung „Sanat Kumara"

Immer, wenn es dunkel ist, lass dich von Sanat Kumara führen (siehe Kapitel „Geistige Helfer"). Er zeigt dir den lichtvollen und, wenn du es wünschst, auch den leichten Weg. Ruf ihn an, wenn du jetzt von ihm Führung in deinem Leben wünschst. Sag ihm, wo du von ihm geführt werden möchtest.

- Übung „St. Germain"

St. Germain wird oft mit der violetten Flamme der Transformation in Verbindung gebracht. Diese ist Reinigung für deinen physischen Körper: Stelle dir dafür vor, dass violettes Feuerlicht durch deinen physischen Körper strömt. Es reinigt dich vor Programmierungen und allem Negativen.

- ## Übung „Quan Yin"

Quan Yin als weibliche Buddha hält ihre Hand hoch und schickt dir Mitgefühl in Momenten, in denen du es brauchst. Bitte Quan Yin um Unterstützung, wenn es z. B. um zwischenmenschliche Streitigkeiten geht, wenn du dir Mitgefühl wünschst und wenn du dein Mitgefühl noch mehr entfalten möchtest. Rufe sie jetzt an, wenn du dir ihre Unterstützung wünschst, damit ihre Heilkraft sich in deinem Leben verströmen kann und du das Seelenbalsam von ihr spürst.

- ## Übung „Helios"

Der Sonnengott verströmt Sonnenkraft in deinem Leben. Damit sich diese Kraft bei dir ausbreiten kann, stellst du dir jetzt die Sonne vor. Du kannst auch in die Sonne schauen. Tanke die Kraft des Sonnenlichts über deine Augen und spüre seinen Energiestrom.

- ## Übung „Cyclopia"

Das schützende Auge Gottes wacht über dich und dein Leben. Wisse, dass du immer beschützt bist. Bitte zusätzlich um diesen Schutz, wenn du ihn besonders brauchst.

- ## Übung „Gott"

„Ich Bin" ist Gott in dir. Es ist die Kraft in der Mitte deiner Brust, ein Licht, welches ganz rein und klar ist. Es ist pure Schöpferkraft. Schöpfe aus dieser Kraft, in dem du jetzt einen Moment in die Mitte deiner Brust eintauchst.

- **Übung „Lady Nada"**

Eigenliebe ist ein wichtiger Herzschlüssel. Sie ist ein Schlüssel in dein Inneres, in deine Liebe. Wenn du dich liebst, dann fühlst du dich wohl. Eigenliebe ist auch, wenn du dir verzeihen kannst. Verzeihe dir deshalb jetzt für etwas in deinem Leben, was du gedacht oder getan hast. Akzeptiere es und mache es das nächste Mal so, wie es für dich stimmig ist.

- **Übung „Serapis Bey"**

Stell dir vor, du stehst unter einer Lichtdusche mit weißem Licht. Diese Dusche reinigt dich auf allen Ebenen, in deiner ganzen Aura.

Yoga Zentrum der Liebe

Wirkung
Das Yoga Zentrum der Liebe ist eine Kombination von Atemübungen in Verbindung mit leichten Körperbewegungen. Wenn du diese Übung in deinen Alltag so wie z. B. das Zähneputzen am Morgen einbaust, dann unterstützt du den gesunden und harmonischen Energiefluss und auch den Fluss der Körpersäfte in deinem physischen Körper. Dein Körper wird aktiviert und du fühlst dich frisch und munter. Es ist ein Ankommen bei dir mit deinem ganzen Sein, in deinem physischen Körper. Dadurch fühlst du dich gestärkt und hast ein gutes Körpergefühl. Auch deine geistige Entwicklung wird gefördert, da du mit der Prana-Atmung deine feinstofflichen Körper anregst, stärkst, reinigst und ausrichtest.

Vorgehen
1. Prana-Atmung
Mit der Zunge berührst du leicht deinen unteren Gaumen gleich unterhalb der Zähne. Dein Mund ist ein wenig geöffnet. Du atmest über deinen Mund ein und aus. Deine Zunge berührt während der gesamten Atmung den unteren Gaumen.

2. Merkaba-Yoga
Du machst die Prana-Atmung in Kombination mit dem Merkaba-Yoga. Die Punkte 1 bis 9 führst du jeweils für jede Ecke der Merkaba durch. Als zusätzliche Variante kannst du bei jeder Ecke den Sonnengruß anhängen.

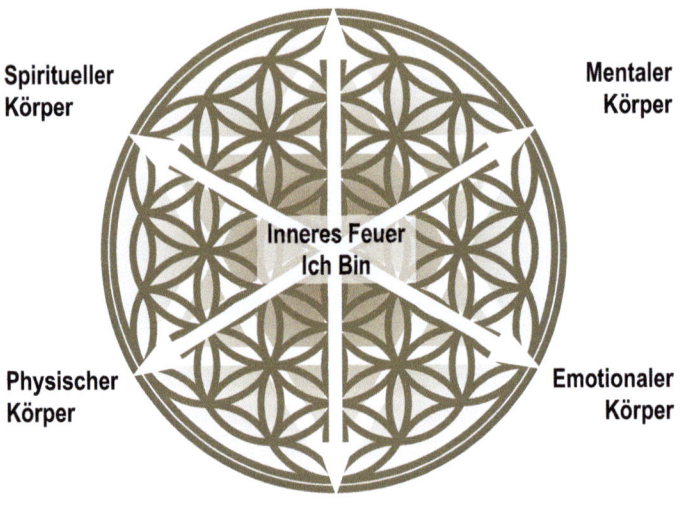

1. Atme zwei- bis dreimal bewusst aus deinem Mund aus, während du die Arme in Gebetsposition vor der Brust hältst.

2. Atme ein, während du deine Arme über deinen Kopf führst und sie zu einem V öffnest.

3. Atme aus, während du deine Arme seitlich am Körper hinunternimmst, bis sie beinahe die Seiten deiner Oberschenkel berühren.

4. Atme ein, während du deine Arme vor deiner Brust öffnest und sie seitlich wie Engelsflügel ausstreckst.

5. Atme aus, während du deine Arme wieder seitlich zu deinen Oberschenkeln hinunterführst.

6. Atme ein, während du deine Arme vor deinem Vorderkörper mit den Handflächen nach unten zeigend hoch bis auf die Höhe deiner Brust führst. Deine Armbewegungen sind ganz sanft wie Wellen.

7. Atme aus, während du deine Arme wieder am Vorderkörper hinunter bis zu deinen Oberschenkeln bewegst.

8. Atme ein, während du deine Hände wie bei Punkt 6 beschrieben hochnimmst und dann mit deinen Händen eine Schale formst. Diese führst du zu deinem Mund und stellst dir dabei vor, dass du das Licht in deinen Händen isst. Das ist Lichtnahrung für deine Energiekörper.

9. Nun klopfst oder massierst du dich leicht von Kopf bis Fuß und wieder hoch zum Oberkörper.

3. Verbindung Mutter Erde und Quelle

1. Stelle die Verbindung zur Quelle und zu Mutter Erde wie folgt her: Du atmest beim Ausatmen gleichzeitig durch deinen Körper hinunter zu Mutter Erde und über deinen Kopf hoch zur Quelle von allem Sein (Zentralsonne), vgl. Grafik. Beim Einatmen atmest du gleichzeitig das Prana von Mutter Erde und von der Quelle in deinen Körper hinein.

2. Tauche in dein Herzchakra ein, indem du wie mit einem Lift von deinem Kopf hinunter in deine Brustmitte fährst. Gehe dann mit der Quelle und dem Herzen von Mutter Erde in Verbindung. Lass beim Einatmen Liebe, Licht und Frieden von der Urquelle und von Mutter Erde in deinen physischen Körper einströmen.

3. Dehne nun deine eigene Liebe in deinem Herzen aus, indem du deinen „inneren Tempel", deinen Brustraum, ganz öffnest. Öffne dazu deinen rechten und linken Lungenflügel komplett. Deine Herztüren gehen seitlich bis zur Körperseite auf. Erleuchte deinen Herzraum durch brennende Kerzen in deiner rechten und in deiner linken Brust und in deinem Herzchakra. Zünde diese Kerzen gedanklich an, sodass deine Liebe leuchtet.

4. Herzatmung

Atme tief ein und ziehe gedanklich die Liebe von der Quelle und vom Herzchakra von Mutter Erde in dein Herzchakra hinein. Beim Ausatmen amtest du Liebe aus deinem Herzen zur Quelle und ins Herzchakra von Mutter Erde. Spüre bei der Atmung, wie dein Herzraum immer wärmer wird und sich deine Liebe im Herzchakra verstärkt.

5. Chakra-Reinigung mit Herzatmung

1. Du atmest beim Einatmen gleichzeitig Prana von Mutter Erde und von der Quelle in dein Herzchakra ein. Beim Ausatmen atmest du Liebe aus deinem Herzraum in Mutter Erde und zur Quelle.
2. Dehne deine eigene Liebe im Herzen aus, indem du deinen inneren Tempel ganz öffnest und die Kerzen in deinem Herzraum anzündest, wie unter „3. Verbindung Mutter Erde und Quelle".
3. Reinige alle deine Chakren, indem du immer Prana und Liebe in dein Herzchakra einatmest. Beim Ausatmen atmest du in das Chakra, welches du reinigst. Wie ein Schornsteinfeger durchatmest du mit einer starken Atmung/Feueratmung deinen Chakraraum vor und zurück. Dazu kannst du dir einen Kanal bei jedem Chakra vorstellen, die eine Öffnung geht zum Vorderkörper heraus und die andere Seite zur Wirbelsäule nach hinten hinaus. Du atmest wie ein Schornsteinfeger, der seine Chakren komplett reinigt. Beginne vom Herzchakra aus und atme dreimal bewusst nach hinten und nach vorne aus. Atme Prana und Liebe in dein Herzchakra ein und beim Ausatmen atmest du in deinen Solarplexus (immer rund dreimal ausatmen), dann in dein Nabelchakra, anschließend in dein Wurzelchakra. Von deinem Wurzelchakra atmest du gerade hinunter bis ins Herz von Mutter Erde, sodass eine Lichtstraße entsteht und auch alle Chakren unterhalb von deinem physischen Körper gereinigt werden. Du atmest weiter aus und durchatmest die Lichtstraße von Mutter Erde wieder hoch zur Quelle. Beim Einatmen atmest du von der Quelle in dein Herzchakra (Thorax-Atmung).

Anschließend reinigst du die Chakren von deinem Herzchakra aufwärts: dein Kehlkopfchakra, dein drittes Auge und dein Kronenchakra.

Dann atmest du beim Ausatmen von deinem Kronenchakra bis zur Quelle und von der Quelle zum Herzchakra von Mutter Erde, beim Einatmen von Mutter Erde bis in dein Herzchakra (Thorax-Atmung). Diese kreisförmige Atmung, welche von dir zu Mutter Erde und der Quelle wieder zu dir führt, heißt Thorax-Atmung.

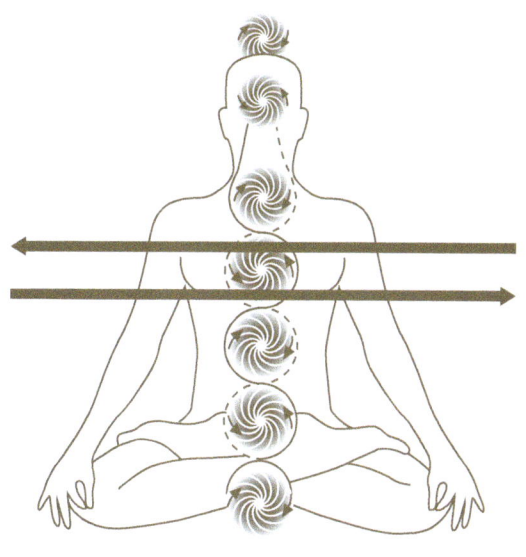

6. Merkaba-Atmung zur Reinigung

Die Merkaba ist ein Lichtgewand, welches dich umgibt und dich dabei unterstützt, das zu leben, was du wirklich bist. Du kannst dir vorstellen, dass es dein Kleid ist. So, wie du Kleider um deinen physischen Körper trägst, umgibt dich ein Lichtgewand. Mehr darüber kannst du in meinem Buch „Die Schlüssel für dein glückliches Sein" lesen.

Bei der Merkaba-Reinigungsatmung atmest du immer in dein Herzchakra Prana und Liebe ein. Beim Ausatmen atmest du vom Herzchakra aus jeweils in eine Spitze deiner Merkaba. Stell dir vor, du machst eine Feueratmung aus deinem Herzen in deine Merkaba. Dadurch wird sie gereinigt und stabilisiert. Du startest beim spirituellen Körper und gehst dann im Uhrzeigersinn herum, bis du beim physischen Körper ankommst. Am Schluss atmest du nochmals bewusst in dein Herzchakra, dein Inneres Feuer.

ENGEL, DEINE GEISTIGEN HELFER UND FÜHRER

Es gibt so viele verschiedene Engel, wie es Menschen gibt. Damit du einen kleinen Überblick über die unterschiedlichen Wesen und ihre Aufgaben erhältst, habe ich dir ein paar Zeilen über geistige Helfer, göttliche Schutzwesen und Geistführer zusammengestellt. Außerdem habe ich ein paar Wesen mit Namen aufgeführt, die als Mitglieder der Weißen Bruderschaft dienen und auf der Erde sowie im Kosmos unterstützend wirken. Es ist ein kleiner Ausschnitt, der umso mehr Wirkung hat, wenn du das Gelesene in deinem Alltag einsetzt.

Vereinfacht kannst du dir das Universum als ein Unternehmen vorstellen. Jedes Wesen nimmt dort auf verschiedenen Ebenen unterschiedliche Tätigkeiten/Jobs wahr. Dabei ist jedes Wesen, wenn es die Begabungen hat, frei zu wählen, was für eine Tätigkeit es ausüben möchte. Jede Aufgabe ist wichtig. Alle Wesen mit ihren Aufgaben bilden das kosmische Urmuster, die Blume des Lebens, welche du sicher bereits einmal gesehen hast.

Geistige Helfer

Geistige Helfer sind deine Begleiter. In feinstofflicher Form stehen sie jederzeit an deiner Seite. Ob du sie nun bewusst wahrnimmst oder nicht, sie sind immer da. Wenn du sie bewusst rufst und um Unterstützung bittest, dann helfen sie dir. Sie lieben dich und sind die besten Freunde auf dieser Welt. Voller Liebe und respektvoll sind sie bei dir. Sie treten in Aktion, wenn du sie darum bittest. Du kannst sie jederzeit anrufen und um Unterstützung bitten. Sie freuen sich darüber. Du kannst sie mit Namen ansprechen oder deinen Wunsch an alle deine geistigen Helfer richten, indem du z. B. sagst: „Lieber geistiger Helfer, bitte hilf mir mit meiner Familie, dass wir geschützt und behütet und tagtäglich in unserer Kraft und Liebe sind."

Geistige Helfer und Führer sind Boten des Himmels. Sie kennen alle Tricks des Universums und wissen, wie sie dich dabei unterstützen können, dass sich deine Herzenswünsche erfüllen. Sie sind Helfer für deine Arbeit, deine Aufgaben in deinem Alltag daheim und im Beruf. Sie helfen dir auch im Garten, mit deinen Kindern, deinem Partner und im Job. Sie sorgen dafür, dass dein Alltag so abläuft, wie du es dir wünschst.

Göttliche Schutzwesen

Göttliche Schutzwesen kannst du um Schutz für deine Projekte und für dich, deine Familie und deine Liebsten anrufen.

Geistige Führer

Geistige Führer wie z. B. Jesus kannst du um Führung und Klarheit auf deinem Weg bitten, damit sie dir zeigen, wo der Weg ist und welche nächsten Schritte zu unternehmen sind.

Wesen der Weißen Bruderschaft

Begegnest du einem Engel auf Erden im weißen Gewand, dann kannst du sicher sein, dass ein Mitglied der Weißen Bruderschaft vor dir steht. Du erkennst diese Wesen an ihrem Weiß in der Aura. Sie bringen dir den Himmel durch die göttlichen Lichtstrahlen auf die Erde und erinnern dich an dein göttliches Sein. Vielleicht bist auch du ein Wesen von ihnen, das sich selber und seine Mission auf der Erde wiedererkennen darf? Mach die Augen auf und erwache. Erkenne dein göttliches Potential und lebe es hier auf Mutter Erde.

Ich habe dir eine Auswahl an Wesen der Weißen Bruderschaft mit Namen zusammengestellt und wie du mit ihnen in Kontakt treten kannst. Vielleicht hast du schon in anderen Büchern etwas von ihnen gelesen? Nimm diese Auflistung als eine Ergänzung.

- **Quan Yin**

Quan Yin ist die weibliche Buddha des Mitgefühls und der Barmherzigkeit.

Kontakt mit Quan Yin:
„Ich halte meine Hand hoch und schicke dir Mitgefühl in Momenten, wo du es brauchst. Rufe mich. Ich bin für dich da. Ich habe Mitgefühl. Diese Kraft ist wie Balsam. Sie wirkt heilend. Es geht dir dann gleich besser", sagt Quan Yin dir.

- **St. Germain**

St. Germain ist Träger des violetten Lichts der Transformation. Sein Licht wirkt reinigend auf deinen physischen Körper.

Kontakt mit St. Germain: Stelle dir vor, dass violettes Licht durch deinen physischen Körper strömt. Es reinigt dich von Programmierungen und allem Negativen.

- **Sanat Kumara**

Er schützt dich vor der Dunkelheit.

Kontakt mit Sanat Kumara: Immer, wenn es dunkel ist, lass dich von Sanat Kumara führen. Er zeigt dir den lichtvollen und wenn du bereit bist, den leichten Weg. Ruf ihn, wann immer du ihn in deinem Leben brauchst.

- **Du**

Du bist ein wunderbares und kostbares Wesen. Ein Wesen, das sein urgöttliches Sein immer mehr auf der Erde entfaltet.

Kontakt mit dir: Stelle dir jetzt vor, du füllst dich ganz mit dir selbst auf. Spüre anschließend, wie sich deine Energie anfühlt.

- **Jesus**

Träger des Christusbewusstseins und Heilung durch Liebe.

Kontakt mit Jesus: „Werdet wieder wie Kinder", sagte Jesus. Deshalb tue jetzt etwas, dass du als Kind tun würdest (etwas Kindliches mit Leichtigkeit und Freude).

- **Hilarion**

Hilarion ist ein aufgestiegener Meister und Verkünder der Wahrheit.

Kontakt mit Hilarion: Was heißt Wahrheit? Sprichst du täglich die Wahrheit? Du musst nicht immer alles sagen. Was du sagst, sollte jedoch ehrlich sein.

- **Maria**

Maria ist die göttliche Mutter. Sie verkörpert den mütterlichen Aspekt.

Kontakt mit Maria: Maria schützt dich. Sie hält die schützende Hand in allen Situationen, in denen du sie darum bittest, über dich. Wo wünschst du dir Marias Hilfe? Rufe sie und bitte sie um Unterstützung.

- **Erzengel Michael**

Der Erzengel Michael löst Bindungen und Verstrickungen.

Kontakt mit dem Erzengel Michael: Michael löst Bindungen von dir. Welche Person bindet dich? Er löst ihre Bindungen über, unter, links, rechts, vor und hinter dir. Die Herzensanbindungen bleiben bestehen. So soll es sein. Du bist frei.

- **Serapis Bey**

Serapis Bay ist eine aufgestiegene Meisterin. Sie verkörpert Reinheit und Aufstieg.

Kontakt mit Serapis Bey: Stell dir vor, du stehst unter einer Lichtdusche vom Licht von Serapis Bey (kristallklares, durchsichtiges Licht). Du wirst mit diesem Licht in allen Körpern auf allen Ebenen, Zeiten und Dimensionen gereinigt. Rein sollst du sein. Ganz rein. Jetzt.

- **Lady Nada**

Lady Nada hat eine sehr hohe Liebesschwingung. Sie hilft bei Themen wie Selbstliebe und bedingungslose Liebe.

Kontakt mit Eigenliebe ist ein wichtiger Herzensschlüssel. Verzeihe dir jetzt für etwas Gedachtes, Getanes oder Gesprochenes. Akzeptiere es. Es ist okay. Das nächste Mal machst du es so, wie es für dich stimmiger ist.

- Gott

Die Quelle von allem Sein. Das All-Eins-Sein. Der Ursprung.

Kontakt mit Gott: „Ich Bin", in deinem Herzchakra in der Mitte deiner Brust, ist Gott in dir. „Ich Bin" ist der Name Gottes, der immer in dir weilt. Dein „Ich Bin" ist dein innerer Tempel, in dem du jeden Augenblick mit der Weisheit Gottes in Kontakt treten kannst. Tauche jetzt mindestens eine Minute in diesen Raum ein.

- Cyclopia

Cyclopia ist das Schutzauge Gottes.

Kontakt mit Cyclopia: Du wirst immer von den höchsten Ebenen beschützt und geschützt. Sei dir dessen bewusst. Du kannst auch immer zusätzlich um Schutz bitten, wenn du ihn brauchst.

- Helios

Helios ist der Sonnengott.

Kontakt mit Helios: Sonne ist Kraft. Stell dir die Sonne vor oder schau jetzt in die Sonne. Tanke ihre Kraft und richte dich ganz nach dem höchsten aus. Lass ihr Licht über deine Augen in dich hineinströmen.

# NOTFALL-APOTHEKE CLASSIC

Ich habe dir eine Notfall-Apotheke an Übungen zusammengestellt, die dich in deinem Alltag unterstützen. Verschaffe dir einen Überblick, indem du die Übungen durchliest und sie auch gleich anwendest. Je mehr du sie nutzt, desto mehr integriert sich ihre Energie und ihre Wirkung in deinem Leben. Immer, wenn du dann Unterstützung brauchst, wirst du genau wissen, welche Übung du einsetzen kannst. Denn du kannst dich jede Sekunde entscheiden, dass es dir gut geht. Du hast immer die Wahl, in jeder Situation: Love it, change it or leave it. Auf Deutsch: Liebe es, ändere es oder verlasse die Situation. Du weißt in deinem Herzen, was in jedem Moment der richtige Schritt ist. Entscheide dich und es wird wirken. Nichts zu tun ist auch eine Lösung. Wenn du aktiv bist, dann geht dein Lebensfluss in die Richtung, welche für dich stimmig ist. Die Lösung liegt in dir. Nimm dir deshalb Zeit für dich, schöpfe Kraft durch passende Rituale und Übungen. Du kannst jede Sekunde aus der Fülle Gottes schöpfen. Auch deine feinstofflichen Freunde, die Engel, sind immer für dich da. Sie respektieren deinen freien Willen und warten deshalb, bis du sie anrufst und sie um etwas bittest.

Nun mach dich auf den Weg und erkunde die Übungen aus der Notfall-Apotheke:

- **Chakren in Balance bringen**

Du machst mit dem Zeigefinger im Uhrzeigersinn eine Spirale über der Stelle, welche du beruhigen und in Balance bringen möchtest. Wenn du z. B. deinen Bauch beruhigen willst, dann machst du mit Zeigefinger im Uhrzeigersinn eine Spirale ein paar Zentimeter über deinem Bauch. Diese Übung kannst du auch für jedes einzelne Chakra durchführen.

Wirkung: Stärkt deine Chakren, gleicht aus und balanciert.

- **Chakren mittels Symbolen harmonisieren**

OM-Symbole auf Chakren zeichnen oder Golden Tattoos aufkleben (die Tattoos findest du im Internet).

Wirkung: Balanciert und stärkt deine Chakren.

- **Spirale vom Himmel um den Körper in die Erde**

Visualisiere eine Spirale vom Himmel um deinen Körper bis ins Herzchakra von Mutter Erde. Wenn du diese Übung für andere Menschen machst, dann frag zuerst in Gedanken, ob die Person das möchte. Respektiere den Raum und die Bedürfnisse von anderen Menschen.

Wirkung: Schutz, Heilung, Regeneration für den Menschen in der Spirale.

- **Eine Lichtdusche nehmen**

Stelle dich unter einen pastellfarbenen Lichtstrahl. Wähle dabei die Farbe im Pastellton aus, die dir spontan einfällt. Spüre, wie das Licht in dein Kronenchakra am obersten Punkt deines Kopfes hineinströmt und deinen ganzen Körper tränkt, nährt und stärkt.

Wirkung: Gleicht aus. Füllt und heilt dich mit der Energie einer bestimmten Farbfrequenz, je nach Wahl der Lichtstrahlfarbe.

Wenn du weißes Licht wählst, dann beinhaltet dieser Lichtstrahl alle Farben.

- **Bauchgehirnpunkte, Schultern und Gehirn**

Etwas oberhalb vom Kreuzbein, an deinem Hinterkörper, hast du zwei Einbuchtungen, die Bauchpunkte. Halte deine Hände so lange auf beide Punkte, bis du das Gefühl hast, dass sie jetzt in Balance sind. Anschließend berührst du deine Schultern und dann deinen Hinterkopf gleich am Schädelansatz, am Ende des Nackens. Halte alle Punkte einen Moment, bis du das Gefühl hast, sie sind ausgeglichen – 1, 2 bis 3 Minuten oder auf Wunsch auch länger.

Wirkung: Du erhältst Stabilität, wirst entlastet und richtest dich aus.

- **Loslassen über die Füße**

Stelle dir vor, du lässt alles, was jetzt gehen darf und was nicht zu dir gehört, über deine Füße in Mutter Erde abfließen.

Wirkung: Loslassen und entstauen.

- **Herzchakra stärken**

Atme die Liebe von Himmel (Quelle) und Erde (Herzchakra von Mutter Erde) gleichzeitig in dein Herzchakra ein und wieder aus.

Wirkung: Stärkt deine Herzkraft und deine Liebe.

- **Strahlendes/leuchtendes Gesicht**

Massiere dir dein gesamtes Gesicht von der Stirn nach unten bis zum Kinn, indem du dein Gesicht mit deinen Fingerspitzen ganz sanft von der Gesichtsmitte nach Außen streichst.

Wirkung: Anti Aging, Entspannung, Seelenbalsam, fördert deine Selbstliebe und klärt deinen Verstand.

- **Themen balancieren**

Stelle dir ein göttliches Lot, ein Pendel vor, das vom Himmel durch deinen physischen Körper strömt. Stelle dir dann das göttliche Lot vor und lass dich einpendeln, bis das Pendel stehenbleibt und du dich ganz zentriert fühlst.

Wirkung: Balanciert, harmonisiert, löst Altes ab und zentriert dich.

- **Klopfen, um Engel zu aktivieren**

Du kannst an verschiedenen Stellen leicht mit deinen Fingern klopfen und so Folgendes aktivieren:
- Klopfen auf das Herz für geistige Führung
- Klopfen auf die Stirn für ein klares Bewusstsein
- Klopfen auf das Kronenchakra für den göttlichen Strom, öffnet das Kronenchakra
- Klopfen auf das Wurzelchakra oder den Po: erdet, göttliche Ausrichtung auf Mutter Erde
- Klopfen auf den Solarplexus regt die Energie im Körper an
- Klopfen auf das Nabelchakra für glückliche Partnerschaften

Wirkung: Das Klopfen wirkt aktivierend, es regt deinen Energiefluss an. Außerdem wissen deine geistigen Helfer bei dieser Übung genau, wie sie dich unterstützen können.

SELBSTHEILUNG MIT AFFIRMATIONEN

Affirmationen sind Sätze, die je nach Wortzusammensetzung eine heilende, stärkende oder klärende Wirkung haben. Sie sind einfach im Alltag einsetzbar. Immer, wenn du eine bestimmte Wirkung und Kraft brauchst oder sie dir wünschst, kannst du für dich die passende Affirmation sprechen. Diese Sätze können auch leise in Gegenwart von anderen Menschen gesprochen werden. Sie wirken immer. Wichtig ist, dass du beim Sprechen aus deinem Herzen heraussprichst und die Worte, die du verwendest, in deinem Herzen spürst. Fühle, was du sagst.

Damit du in deiner Kraft bist, ist es eine Möglichkeit, zwei- bis dreimal oder auch mehrmals am Tag eine Affirmation zu sprechen. Sie richtet dich nach dem Gesagten aus und hilft dir, bei dir zu sein und deine Kraft zu leben. Wenn du immer wieder schaust, dass du dich durch kraftvolle, stärkende Rituale in eine harmonische Stimmung bringst, dann wirst du mit der Zeit erleben, dass du auch in deinem Alltag eine glückliche Stimmung halten kannst. Du wirst immer weniger von anderen Menschen und Stimmungen beeinflusst, denn du weißt genau, was du tun kannst, damit du bei dir bleibst.

Diese Auswahl an Affirmationen ist leicht in deinem Alltag einsetzbar. Sprich sie eine Zeit lang, z. B. über 14 Tage hinweg, sodass du ihre Wirkung spürst. Dann kannst du auch eine weitere Affirmation anwenden. Wenn dir ein Satz besonders guttut, dann sprich ihn weiterhin. Wähle nun eine Affirmation aus, die dich anspricht:

- **Affirmation für Klarheit**

Meine Wahrnehmung ist rein und klar. Ich Bin Wahrnehmung. Ich Bin.

- **Affirmation „Gedanken, Worte, Taten"**

Ich Bin in voller Präsenz meiner Gedanken, Worte und Handlungen.
Mein Ich Bin ist Kommandeur meiner Gedanken, Gefühle, Worte und Taten.

- **Affirmation für Körperkontrolle**

Ich Bin in vollständiger Präsenz meines Körpers, meines Geistes, meiner Gesundheit und meines Lebens.
Ich Bin, der/die Ich Bin.
Ich Bin.

- **Affirmation Einheit**

Ich Bin in voller Präsenz meiner Gedanken, Worte und Handlungen.
Mein Ich Bin ist Kommandeur meiner Gedanken, Gefühle, Worte und Taten.
Ich Bin in vollständiger Präsenz meines Körpers, meines Geistes, meiner Gesundheit und meines Lebens.
Ich Bin, der/die Ich Bin.
Ich Bin.

- **Affirmation „Ich Bin Schöpfer"**

Ich nehme meine Schöpferkraft vollständig an.
Ich Bin Schöpfer.
Ich Bin Schöpfer meines Lebens, meiner Lebensumstände.
Ich erschaffe mir mein Leben so, wie ich es mir wünsche.
Mein Leben ist glücklich, voller Reichtum, Liebe und Freude
(einfügen, was du manifestieren möchtest).

- **Affirmation „Ich liebe mein Leben"**

Ich liebe mein Leben so, wie es ist. Mein Leben liebt mich.
Ich lebe mein Leben mit Freude.
Ich Bin glücklich. Ich Bin.

- **Affirmation der Vollendung**

Ich Bin bereit, mein Sein vollständig zu leben.
Ich Bin bereit, vollständig zu sein.
Ich erkenne, wer ich in Vollendung bin.
Ich Bin bereit, die Vollendung zu leben.

- **Affirmation Verzeihen**

Ich verzeihe mir, ich verzeihe dir.
Es ist so, wie es ist, okay.
Es ist.
Danke.

- **Affirmation „Liebe in mir und in allem um mich herum"**

Ich sehe das Göttliche in mir und anderen Menschen.
Ich lasse mein göttliches Wesen strömen.
Ich lebe und kommuniziere aus meinem Herzen.
Ich liebe das Leben und alle Wesen.
Ich Bin Liebe.
Ich Bin.

- **Affirmation für Selbstheilung und Stärkung**

Ich Bin die Manifestation Gottes im physischen Körper.
Mein Körper schwingt vollständig in seiner urgöttlichen Form.
Ich nähre mich mit reinem göttlichem Licht.
Ich Bin reines Licht Gottes.
Ich Bin Gottesoffenbarung im Alltag.
Eventuell einzelne Organe, Körperstellen, Drüsen/Hormonsysteme durchgehen und für jeden Teil einzeln sagen:
„Meine Thymusdrüse schwingt in ihrer vollständig göttlichen Urform" etc.

Abschluss: Sich vollständig gedanklich mit geschlossenen Augen mit seiner urgöttlichen Form und mit dem reinen göttlichen Licht auffüllen.

- **Affirmation Erzengel Michael, „Bindungen lösen"**

Erzengel Michael vor mir, hinter mir,
über mir, unter mir,
rechts und links von mir,
löse alle Bindungen in allen Ebenen, Zeiten und Dimensionen
zu jeglichen Umständen, Situationen, Menschen,
jetzt und in alle Ewigkeit.
Ich Bin frei und unantastbar.

- **Friedensaffirmation**

Tiefer Friede strömt in mir, um mich herum und durch mich durch.
Ich Bin Frieden.
Ich Bin in Frieden mit allem, was ist.
Ich Bin.

LARA BERNARDI

Nach ihrem Betriebsökonomie-Studium und dem Weg in die Wirtschaft widmete sich Lara Bernardi ganz ihrer Aufgabe als spirituelle Lehrerin. Lara führt die Menschen in ihr Schöpferbewusstsein und den Reichtum auf der Erde.

Lara Bernardi ist Betriebsökonomin FH, spirituelle Lehrerin und Mama von drei Mädchen. Sie verfasste zahlreiche Fachartikel für Wirtschaftsmagazine und ist Autorin von mehreren Büchern und Meditations-CDs. Lara ist eine ganzheitliche Persönlichkeit, die den Weg des Herzens (Liebe) und des Bewusst-Seins geht.

Als spirituelle Lehrerin berät sie ganzheitlich durch ihre Klarsicht und Klarheit.

Seit ihrer Kindheit steht sie in Kontakt mit den feinstofflichen Ebenen und wurde bereits damals von ihrer göttlichen Führung, ihrem „Ich Bin" in ihrem Herzen geleitet. Die göttliche Stimme in ihr war und ist ein ständiger Begleiter. Für sie gibt es zwischen den feinstofflichen und grobstofflichen Ebenen keine Trennung. Sie hat die Fähigkeit, Menschen auf all ihren Ebenen wahrzunehmen. Dadurch kann sie klar aufzeigen, wo ihr Potential und ihre Möglichkeiten liegen. Sie sieht, fühlt und versteht Energien. Dadurch kann sie ihre Kunden zu allen Themen beraten. Lara hat die Begabung, die Menschen ganzheitlich zu erfassen und ihnen zu zeigen, wer sie sind und was sie können, damit sie ihr Leben in Reichtum leben können.
Durch ihre langjährigen praktischen Coaching-Erfahrungen entwickelte Lara das BERNARDI Profile®, eine Persönlichkeits- und Potentialanalyse, die Schlüssel für deinen persönlichen und beruflichen Erfolg.

Lara bietet Ausbildungen in Medialität, spirituelle Beratung und neue Heilmethoden an sowie zahlreiche Seminare zum Thema glückliches und gesundes Sein und Kontakt mit Lichtmeistern. Lara führt die Menschen in ihr „Ich Bin" in ihrem Herzchakra, damit sie ihr wahres Sein erkennen und ihr Potential auf Erden leben können.

Laras Ziel ist es, den Himmel auf Erden mit Bewusstsein in Liebe zu vereinen, sodass glückliches Sein wieder möglich ist. Loka samasta sukhino bhavantu (Mögen alle Wesen in allen Welten glücklich sein).

DANKSAGUNG

Ich möchte mich von Herzen bei all den Menschen und Wesen bedanken, die mich schon immer begleitet, geleitet und geführt haben. Ich danke euch, dass ihr immer an mich glaubt. Ich danke euch für eure tiefe und ehrliche Unterstützung und Hilfe.

So viele Wesen unterstützen mich im Hintergrund und sind permanent an meiner Seite. Nur mit euch ist möglich, was ich leisten darf und kann. Herzlichen Dank.

Möge unser Licht zum Wohle aller strahlen

Zentrum der Liebe

Lara Bernardi

Bewerten Sie dieses Buch auf unserer Homepage!

www.novumverlag.com

Die Autorin

Lara Bernardi ist Betriebsökonomin FH, spirituelle Lehrerin und Mama von drei Mädchen. Sie verfasste zahlreiche Fachartikel für Wirtschaftsmagazine und ist Autorin von mehreren Büchern und einer Business-Meditations-CD. Lara ist eine ganzheitliche Persönlichkeit, die den Weg des Herzens (Liebe) und des Bewusst-Seins geht. Als spirituelle Lehrerin berät sie ganzheitlich durch ihre Klarsicht und Klarheit. Außerdem bietet Lara Ausbildungen in Medialität, spirituelle Beratung und neue Heilmethoden an sowie zahlreiche Seminare zum Thema glückliches und gesundes Sein.
Seit ihrer Kindheit steht sie in Kontakt mit den feinstofflichen Ebenen. Sie sieht, fühlt und versteht Energien. Dadurch kann sie ihre Kunden zu allen Themen beraten. Lara hat die Begabung, die Menschen ganzheitlich zu erfassen und ihnen zu zeigen, wer sie sind und was sie können, damit sie ihr Leben in Reichtum leben können.
Durch ihre langjährigen praktischen Coaching-Erfahrungen entwickelte Lara das BERNARDI Profile® zur Persönlichkeits- und Potenzialanalyse.

novum VERLAG FÜR NEUAUTOREN

Der Verlag

*Wer aufhört
besser zu werden,
hat aufgehört
gut zu sein!*

Basierend auf diesem Motto ist es dem novum Verlag ein Anliegen neue Manuskripte aufzuspüren, zu veröffentlichen und deren Autoren langfristig zu fördern. Mittlerweile gilt der 1997 gegründete und mehrfach prämierte Verlag als Spezialist für Neuautoren in Deutschland, Österreich und der Schweiz.

Für jedes neue Manuskript wird innerhalb weniger Wochen eine kostenfreie, unverbindliche Lektorats-Prüfung erstellt.

Weitere Informationen zum Verlag und
seinen Büchern finden Sie im Internet unter:

w w w . n o v u m v e r l a g . c o m

Lara Bernardi

Die Schlüssel für dein glückliches Sein

ISBN 978-3-903067-62-2
106 Seiten

Du trägst alle Kraft, um deine Ziele und Wünsche zu verwirklichen, in deinem Herzen. Nutze sie! Dieses Buch führt dich Schritt für Schritt durch Energien, die dir helfen, durch Bewusstsein und Liebe der Schöpfer deines eigenen Lebens zu werden.